Technik des wissenschaftlichen Arbeitens

Seminararbeit, Diplomarbeit, Dissertation

von

Univ.-Prof. (em.) Dr. Dr. h.c. Wolfgang Lück
Wirtschaftsprüfer – Steuerberater
und
Univ.-Prof. Dr. Michael Henke

10., überarbeitete und erweiterte Auflage

Oldenbourg Verlag München

Autoren:
Univ.-Prof. (em.) Dr. Dr. h.c. Wolfgang Lück
Wirtschaftsprüfer - Steuerberater
Lehrstuhl für Betriebswirtschaftslehre
Accounting - Auditing - Consulting
Technische Universität München
München

Univ.-Prof. Dr. Michael Henke
Lehrstuhl für
Financial Supply Management
European Business School (EBS)
Oestrich-Winkel

Bibliografische Information der Deutschen Nationalbibliothek

Die Deutsche Nationalbibliothek verzeichnet diese Publikation in der Deutschen Nationalbibliografie; detaillierte bibliografische Daten sind im Internet über <http://dnb.d-nb.de> abrufbar.

© 2009 Oldenbourg Wissenschaftsverlag GmbH
Rosenheimer Straße 145, D-81671 München
Telefon: (089) 4 50 51- 0
oldenbourg.de

Das Werk einschließlich aller Abbildungen ist urheberrechtlich geschützt. Jede Verwertung außerhalb der Grenzen des Urheberrechtsgesetzes ist ohne Zustimmung des Verlages unzulässig und strafbar. Das gilt insbesondere für Vervielfältigungen, Übersetzungen, Mikroverfilmungen und die Einspeicherung und Bearbeitung in elektronischen Systemen.

Lektorat: Wirtschafts- und Sozialwissenschaften, wiso@oldenbourg.de
Herstellung: Dr. Rolf Jäger
Coverentwurf: Kochan & Partner, München
Gedruckt auf säure- und chlorfreiem Papier
Druck: Grafik + Druck, München
Bindung: Thomas Buchbinderei GmbH, Augsburg

ISBN 978-3-486-58968-9

To the students of the future

from those of the past

Vorwort zur 10. Auflage

*Wenn die Sprache nicht stimmt,
dann ist alles, was gesagt wird,
nicht das, was gemeint ist...*
KONFUZIUS

Seminararbeiten und Diplomarbeiten sind „Visitenkarten", die der Student während seines Studiums als Prüfungsleistung in einem bestimmten Fachgebiet vorlegen muß. Diplomarbeiten werden außerdem nach dem Studium zusammen mit den übrigen Unterlagen wie Lebenslauf, Zeugnisse, Tätigkeitsnachweise als Bewerbungsunterlagen vorgelegt. Nur derjenige, der neben dem Nachweis von Fachkenntnissen auch die notwendigen Arbeitstechniken beim Anfertigen von Seminararbeiten und Diplomarbeiten bewiesen hat, wird überhaupt in der Lage sein, mit Erfolg die Hürden einer Dissertation zu meistern.

Die Publikation „Technik des wissenschaftlichen Arbeitens" ist eine Arbeitshilfe für Studenten der Wirtschaftswissenschaften und benachbarter Disziplinen, aber auch für Berufsträger.

Dank vieler Anregungen von Studenten, Doktoranden, Mitarbeitern und Praktikern konnte die 9. Auflage überarbeitet und erweitert werden. Für alle Verbesserungsvorschläge sind wir sehr zu Dank verbunden, sie werden auch in Zukunft immer dankbar aufgenommen.

Wir danken unseren früheren Mitarbeitern am Lehrstuhl für Betriebswirtschaftslehre an der Technischen Universität München für die technische und methodische Unterstützung bei der Vorbereitung der Neuauflage: Frau Dipl.-Ing., Dipl.-Wirtsch. Ing. Nadine Bünten sowie den Herren Dr. Oliver Bungartz und Dr. Philipp Gaenslen und nicht zuletzt für die gesamte Koordination Frau Rita Eisen.

Prof. Dr. Dr. h.c. Wolfgang Lück und Prof. Dr. Michael Henke

Weimar und Oestrich-Winkel, im Juni 2008

Inhaltsübersicht

Vorwort zur 10. Auflage VII
Inhaltsverzeichnis XI
Anhangverzeichnis XIII

1 Vorbemerkungen zur Technik des wissenschaftlichen Arbeitens 1
2 Voraussetzungen für die Vergabe von Seminararbeiten, Diplomarbeiten und Dissertationen 3
3 Themenauswahl bei wissenschaftlichen Arbeiten 5
4 Anforderungen an die Erstellung von wissenschaftlichen Arbeiten 7
5 Erarbeitung der Themenstellung 11
6 Stoffsammlung und Literaturstudium 13
7 Vorschläge für die Zeitplanung 17
8 Formale Gestaltung einer wissenschaftlichen Arbeit 23
9 Formelle Anforderungen an die Zitierweise in wissenschaftlichen Arbeiten 67
10 Literaturverzeichnis 89
Literaturempfehlungen 95
Anhang 97

Inhaltsverzeichnis

Vorwort zur 10. Auflage.. VII
Inhaltsübersicht.. IX
Anhangverzeichnis.. XIII

1   Vorbemerkungen zur Technik des wissenschaftlichen Arbeitens 1

2   Voraussetzungen für die Vergabe von Seminararbeiten, Diplomarbeiten und Dissertationen... 3

3   Themenauswahl bei wissenschaftlichen Arbeiten 5
    3.1   Themenauswahl bei Seminararbeiten............... 5
    3.2   Themenauswahl bei Diplomarbeiten................ 5
    3.3   Themenauswahl bei Dissertationen.................. 6

4   Anforderungen an die Erstellung von wissenschaftlichen Arbeiten... 7
    4.1   Anforderungen an Seminararbeiten.................. 7
    4.2   Anforderungen an Diplomarbeiten................... 7
    4.3   Anforderungen an Dissertationen..................... 8

5   Erarbeitung der Themenstellung 11
    5.1   Abgrenzung des Themas 11
    5.2   Definition der Begriffe.................................... 11

6	**Stoffsammlung und Literaturstudium**	**13**
	6.1 Der Umgang mit Bibliotheken und mit computergestützten Literaturrecherche-programmen	13
	6.2 Hilfestellung zur Vorgehensweise bei der Literaturrecherche	14
	6.3 Einbeziehung von empirischen Untersuchungen in wissenschaftliche Arbeiten	15
7	**Vorschläge für die Zeitplanung**	**17**
	7.1 Zeitplan für Seminararbeiten	17
	7.2 Zeitplan für Diplomarbeiten	18
	7.3 Zeitplan für Dissertationen	20
	7.4 Hinweise zum Umfang von Seminararbeiten, Diplomarbeiten und Dissertationen	22
8	**Formale Gestaltung einer wissenschaftlichen Arbeit**	**23**
	8.1 Bestandteile einer wissenschaftlichen Arbeit	23
	8.2 Schreibtechnische Anforderungen an eine wissenschaftliche Arbeit	32
	8.3 Gliederung einer wissenschaftlichen Arbeit (Inhaltsverzeichnis)	37
	8.4 Anhang mit Anhangverzeichnis	48
	8.5 Abbildungsverzeichnis	52
	8.6 Tabellenverzeichnis	57
	8.7 Abkürzungsverzeichnis	60
	8.8 Eidesstattliche Versicherung	62
	8.9 Lebenslauf	64

9 Formelle Anforderungen an die Zitierweise in wissenschaftlichen Arbeiten ... 67
9.1 Zitierfähigkeit und Zitierpflicht ... 67
9.2 Zitierweise und Fußnoten ... 68
9.2.1 Das Zitieren fremden Gedankengutes ... 68
9.2.2 Die Angabe von Fußnoten ... 72
9.3 Zitierverfahren (Vollbeleg und Kurzbeleg) ... 74
9.4 Zitierbeispiele ... 77
9.4.1 Aufbau von Zitaten ... 77
9.4.2 Zitate aus verschiedenen Publikationen ... 81

10 Literaturverzeichnis ... 89

Literaturempfehlungen ... 95

Anhang ... 97

Anhangverzeichnis

Anlage 1: Die fünf wichtigsten Kommaregeln ... 99
Anlage 2: Die wichtigsten Änderungen der Rechtschreibreform ... 103
Anlage 3: Deutsche Sprache – schwere Sprache: Gelesen, gehört und aufgespießt ... 105

1 Vorbemerkungen zur Technik des wissenschaftlichen Arbeitens

Lehrveranstaltungen zum Themenbereich „Methoden und Technik des wissenschaftlichen Arbeitens" werden – abgesehen von der privaten Initiative einiger weniger Dozenten – heute nur noch selten als fester Bestandteil von Studiengängen angeboten und durchgeführt. Bei der Anfertigung wissenschaftlicher Arbeiten, insbesondere bei der äußeren Gestaltung, treten Probleme auf, die eine Bearbeitung wissenschaftlicher Themenstellungen zusätzlich erschweren.

Dabei bedarf es zur Beherrschung der Technik des wissenschaftlichen Arbeitens lediglich der Beachtung einiger allgemeiner „Grundsätze" und einiger technischer Details.

Seminararbeiten, Diplomarbeiten bzw. heute immer mehr Bachelor- und Masterarbeiten[1] sowie Dissertationen werden in aller Regel von mindestens einem Prüfer beurteilt und bewertet. Solche Prüfungsarbeiten sollten in ihrer gesamten Anlage den Anforderungen des Prüfers gerecht werden. Die Beachtung der Grundsätze der **Sauberkeit**, **Klarheit**, **Übersichtlichkeit** und **Überprüfbarkeit** erleichtern dem Prüfer dabei ganz wesentlich den Nachvollzug des theoretischen Gedankenganges.

Die Anfertigung einer wissenschaftlichen Arbeit erfordert Konventionen zu formaltechnischen Fragen und zur äußeren Gestaltung. Diplomarbeiten und Dissertationen sind in aller Regel Abschluß einer wissenschaftlichen Ausbildung. Der Verfasser soll zeigen, daß er mit den Methoden und der Technik des wissenschaftlichen Arbeitens in gleichem Maße vertraut ist wie mit der wissenschaftlichen Fragestellung. Diplomarbeiten und Dissertationen sind „Visitenkarten", die der Hochschulabsolvent oft zusammen mit den Bewerbungsunterlagen vorlegen muß.

---

1) Im Zuge des Bologna-Prozesses werden die Diplomstudiengänge auf Bachelor- und Masterstudiengänge umgestellt. Die nachfolgend gemachten Ausführungen für Diplomarbeiten gelten aber für Bachelor- und Masterarbeiten in gleicher Weise, so daß diese nicht mehr jeweils separat erwähnt werden.

Die folgenden Hinweise sind in der Praxis erprobte und bewährte Gestaltungsvorschläge für diejenigen, die die Fähigkeit wissenschaftlichen Arbeitens durch Seminararbeiten, Diplomarbeiten oder Dissertationen nachweisen müssen.

2 Voraussetzungen für die Vergabe von Seminararbeiten, Diplomarbeiten und Dissertationen

Seminare können in der Regel nur dann besucht werden, wenn die erfolgreiche Teilnahme an Vorlesungen und Übungen des Fachgebiets nachgewiesen werden kann. Die Übernahme einer Hausarbeit (**Seminararbeit**) sowie ein **Referat** zum Thema der Hausarbeit sind für den Erwerb eines Seminarscheins notwendig. Ein dritter Leistungsnachweis wird in Form einer **Klausur** oder teilweise auch in Form eines Protokolls oder eines Kolloquiums verlangt. Die Seminarklausur wird meistens als Abschluß des Seminars in der letzten Seminarsitzung geschrieben mit dem Ziel, den Inhalt des Seminars themenübergreifend zu prüfen. Die Seminarklausur wird an manchen Lehrstühlen auch als Aufnahmekriterium zur Teilnahme an dem Seminar vor Seminarbeginn gestellt. In diesen Fällen soll eher allgemeines Fachwissen abgefragt werden. Die aktive Teilnahme an der Diskussion während der Seminarsitzungen hat häufig einen nicht zu unterschätzenden Einfluß auf die Note des Seminarscheins.

Der Nachweis über die erfolgreiche Teilnahme an einem Seminar (Seminarschein) ist in der Regel eine der verlangten Voraussetzungen für die Vergabe von **Diplomarbeiten** in dem entsprechenden Fachgebiet.

Das Bestehen der Diplomprüfung an einer Universität ist Voraussetzung für die Anfertigung einer **Dissertation**. Der Bewerber muß die Diplomprüfung mindestens mit Prädikat abgelegt haben.

Ein weiteres Studium von mindestens zwei Semestern, gegebenenfalls mit Erwerb von Seminarscheinen, wird von manchen Fakultäten für eine Annahme als Doktorand vorausgesetzt, wenn der Bewerber sein Examen an einer anderen Universität abgelegt hat. Die Promotionsordnung des Fachbereichs / der Fakultät ist zu beachten.

3 Themenauswahl bei wissenschaftlichen Arbeiten

Die Themenauswahl ist der erste Schritt einer wissenschaftlichen Arbeit, bei dem Unterschiede zwischen Seminararbeiten, Diplomarbeiten und Dissertationen zu beachten sind. Die Technik des wissenschaftlichen Arbeitens muß allerdings unabhängig von dem ausgewählten Thema einer Seminararbeit, einer Diplomarbeit oder einer Dissertation in jedem Fall uneingeschränkt beherrscht werden.

3.1 Themenauswahl bei Seminararbeiten

Die Themen bei Seminararbeiten sind fast immer genau vorgeschrieben. Der einzelne Bearbeiter hat nur die Möglichkeit, sich ein Thema auszuwählen. Die Auswahl von vorgeschlagenen Themen erfolgt nach dem System „first come, first serve". Themen zu Seminararbeiten werden in aller Regel am Ende eines Semesters für das nächste Semester ausgegeben. Das Thema kann folglich in den Semesterferien bearbeitet werden.

Für die Vergabe von Diplomarbeiten und Dissertationen existiert häufig eine Schwerpunktliste des kurz- und mittelfristigen Forschungsprogramms eines Fachgebiets, aus der sich für den einzelnen Bearbeiter Themen ableiten lassen.

3.2 Themenauswahl bei Diplomarbeiten

Die Vergabe von Diplomarbeits-Themen kann vom Lehrstuhl vorgegeben werden, kann auf Vorschlag des Studenten erfolgen, kann vom Prüfungsausschuß beziehungsweise vom Ministerium vorgegeben werden oder kann gemeinsam vom betreuenden Dozenten und dem Studenten abgestimmt werden. Welche Art der Themenvergabe im einzelnen zutrifft, sollte von jedem Studenten vor Bearbeitung der Diplomarbeit durch Einsicht in die entsprechende Prüfungsordnung und die Studienordnung in Erfahrung gebracht werden.

3.3 Themenauswahl bei Dissertationen

Suche und Formulierung geeigneter Themen werden bei Dissertationen als Bestandteil der Gesamtleistung angesehen. Schon bei aufmerksamem Durcharbeiten der Fachliteratur ergeben sich immer wieder Hinweise zu ungelösten Problemstellungen. Das Erkennen, das Herausarbeiten und das Abgrenzen solcher Probleme sind bereits die ersten Schritte für eine Problemlösung. Zur Beantwortung der Frage, wie eng beziehungsweise wie weit das Thema formuliert werden sollte, ist die Lektüre anderer Dissertationen empfehlenswert.

Für den Fall, daß sich der Bearbeiter einer wissenschaftlichen Arbeit ein Thema selbst auswählen kann, sollten folgende Kriterien berücksichtigt werden:

- Das Thema sollte konkret ausformuliert und speziell sein.

- Das Thema sollte nicht zu weit gefaßt sein.

- Es sollte zuvor sichergestellt sein, daß für die Bearbeitung des Themas genügend (aber auch nicht zu viel) Literatur vorhanden ist.

- Der Kandidat sollte bei der Auswahl des Dissertations-Themas unbedingt versuchen, festzustellen, ob das beabsichtigte Thema nicht bereits bearbeitet worden ist.

4 Anforderungen an die Erstellung von wissenschaftlichen Arbeiten

Die Anforderungen an die Erstellung von wissenschaftlichen Arbeiten sind bei Seminararbeiten, Diplomarbeiten und Dissertationen unterschiedlich. Die Technik des wissenschaftlichen Arbeitens muß allerdings in jedem Fall uneingeschränkt beherrscht werden.

4.1 Anforderungen an Seminararbeiten

Seminararbeiten stellen für den Bewerber eine erste Übung im Umgang mit der Technik des wissenschaftlichen Arbeitens dar. Die Bewertung der Seminararbeiten erfolgt unter materiellen und formellen Gesichtspunkten. Die Gliederung und die Ausführungen der Seminararbeit müssen materiell der vorgegebenen Themenstellung entsprechen. Das gestellte Thema ist umfassend auf der vorgegebenen Seitenzahl zu bearbeiten. Formell sind die Regeln der Technik des wissenschaftlichen Arbeitens, insbesondere zur Gliederung, zum Aufbau und zur Zitierweise, zu beachten. Die korrekte Verwendung der deutschen Sprache sowie die Rechtschreibung und die Interpunktion gehen in die Bewertung von Seminararbeiten ein.

4.2 Anforderungen an Diplomarbeiten

Die Bewertung von Diplomarbeiten erfolgt nach mehreren Gesichtspunkten:

- Schwierigkeitsgrad der Arbeit.

  Der Schwierigkeitsgrad der Diplomarbeit bestimmt sich aus der Komplexität der Themenstellung und aus dem Umfang der Literatur, die zu dem gestellten Thema vorhanden ist.

- Grad der Themaerfüllung.

  In die Bewertung des Grades der Themaerfüllung geht ein, ob der Bewerber die Schwerpunkte, die sich aus der Themenstellung ergeben, herausgearbeitet hat und ausreichend vertieft hat.

- Forschungshöhe.
  Die Bewertung der Forschungshöhe der Diplomarbeit berücksichtigt, wie umfassend die relevante Literatur zu dem bearbeiteten Thema verarbeitet worden ist und wie die Erkenntnisse aus dem Literaturstudium in eigenständige Überlegungen umgesetzt worden sind.
- Konzeption, Gliederung, Inhalt.
  In die Bewertung der Konzeption, der Gliederung und des Inhalts geht ein, ob die Gliederungspunkte klar und ausgewogen sind, ob das Thema durch die Gliederung umfassend abgedeckt ist und ob die Zwischenergebnisse den Inhalt der einzelnen Gliederungspunkte konkret wiedergeben.
- Darstellung.
  Sowohl die Interpunktion, die Rechtschreibung und die Ausdrucksform innerhalb der Diplomarbeit als auch die gedankliche Strukturierung der Arbeit anhand eines „roten Fadens" sind die Gesichtspunkte, die im Bereich der Darstellung in die Bewertung der Diplomarbeit eingehen.
- Zitierweise.
  In die Bewertung der Zitierweise gehen sowohl die Anwendung der Technik des wissenschaftlichen Arbeitens innerhalb des Fußnotenapparates als auch die Qualität und der Umfang des Literaturverzeichnisses ein.

4.3 Anforderungen an Dissertationen

Der Nachweis besonderer wissenschaftlicher Qualifikation, der zur Erlangung des akademischen Doktorgrades notwendig ist, wird durch zwei getrennt voneinander bewertete Leistungen erbracht:

(1) Eine wissenschaftliche Abhandlung (Dissertation).

(2) Mündliche Leistungen (Rigorosum oder Disputation).

Die formalen und materiellen Anforderungen, die an die Erstellung einer Diplomarbeit gebunden sind, gelten in gleichem Maße auch für Dissertationen.

Anforderungen

Die Dissertation muß die Befähigung des Bewerbers zu selbständiger wissenschaftlicher Arbeit und zu klarer Darstellung ihrer Ergebnisse individuell nachweisen und muß einen eigenen neuen wissenschaftlichen Beitrag liefern. Ausschließlich formale Leistungen, insbesondere solche literarischer Berichterstattung, genügen nicht.

Die mündlichen Leistungen sollen belegen, daß der Bewerber vertiefte fachliche Kenntnisse besitzt und in Anknüpfung an seine Dissertation wissenschaftliche Probleme selbständig durchdenken kann. Die Prüfung soll sich von der Dissertation ausgehend über das weitere Fachgebiet erstrecken, aus dem die Dissertation gewählt wurde.

5 Erarbeitung der Themenstellung

Das Ziel einer wissenschaftlichen Arbeit besteht darin, ein bestimmtes, genau definiertes Thema in wissenschaftlicher Form innerhalb des vorgegebenen Seitenumfangs umfassend zu bearbeiten. Der Bearbeiter wissenschaftlicher Fragestellungen hat das zu bearbeitende Thema daher genau abzugrenzen, um seine Ausführungen konkret auf die Thematik ausrichten zu können.

5.1 Abgrenzung des Themas

Die Themen von Seminararbeiten und die Themen von Diplomarbeiten werden verbindlich vorgegeben.

Das Thema einer Dissertation sollte vom Bearbeiter vorerst nur als Arbeitsthema aufgefaßt werden. Die genaue Formulierung ist dann in Zusammenarbeit mit dem Doktorvater festzulegen. Ergänzungen und Einschränkungen führen später zur endgültigen Fassung.

5.2 Definition der Begriffe

Eine Klärung der in der wissenschaftlichen Arbeit verwendeten Begriffe stellt eine sehr wichtige Aufgabe für den Bearbeiter dar, da sich bestimmte Begriffe im allgemeinen Sprachgebrauch und in der Literatur unterscheiden können.

Die Definition eines Begriffs hat die vollständigen, sinngemäß geordneten Angaben und charakteristischen Merkmale zu enthalten. Der jeweilige Begriff muß in der Arbeit immer entsprechend der festgelegten Definition gebraucht werden.

Begriffe und Definitionen, die für das Verständnis der gesamten wissenschaftlichen Arbeit erforderlich sind, müssen frühzeitig erläutert werden. Begriffe und Definitionen, die nur für einen bestimmten einzelnen Abschnitt eine Rolle spielen, sollen in diesem Abschnitt geklärt werden.

6 Stoffsammlung und Literaturstudium

Die Anzahl der wissenschaftlichen Quellen hat in den letzten Jahren und Jahrzehnten einen unüberschaubaren Umfang angenommen. Zur Bearbeitung einer wissenschaftlichen Themenstellung bedarf es daher eines strukturierten und geordneten Vorgehens bei der Literaturrecherche.

6.1 Der Umgang mit Bibliotheken und mit computergestützten Literaturrecherche-Programmen

Jeder Student sollte sich über die Benutzungsordnung der Bibliotheken (Leihfristen, Verlängerungen, Fristüberschreitung usw.) am besten selber informieren. Die zu Beginn eines jeden Semesters stattfindenden Bibliotheksführungen geben dem Benutzer darüber hinaus noch wichtige ortsspezifische Informationen und sollten daher unbedingt genutzt werden.

Bibliotheken lassen sich zum einen in Präsenzbibliotheken und Ausleihbibliotheken und zum anderen in Freihandbibliotheken und geschlossene Bibliotheken unterteilen.

Präsenzbibliotheken leihen im Gegensatz zu den Ausleihbibliotheken ihre Bestände nicht aus. Die Bestände der Freihandbibliotheken sind für den Benutzer in frei zugänglichen Regalen aufgestellt, während die Bestände geschlossener Bibliotheken magaziniert sind. Die Signatur des vom Leser gewünschten Buches wird anhand eines Katalogs festgestellt und kann dann vom Magazin abgerufen werden.

Es ist heute möglich, neben der klassischen Literatursuche in Bibliothekskarteien und Bibliothekskatalogen auch eine Recherche mit Hilfe des **Internet**[1] durchzuführen, bei der innerhalb weniger Stunden die relevante Literatur aus den wichtigsten Instituten der ganzen Welt zusammengestellt werden kann.

---

1) Weitere Details zur Literatursuche im Internet finden sich bei Jaros-Sturhahn, Anke und Konrad Schachtner: Literaturrecherche im World Wide Web. In: Wirtschaftswissenschaftliches Studium 1996, S. 419-422.

Die Literaturrecherche über die Web-Seiten des Internets kann mit einer Schlagwortsuche in zahlreichen deutschen und internationalen Bibliotheken beginnen. Anschließend können wissenschaftliche Veröffentlichungen oder Arbeitspapiere nach inhaltlichen Kriterien untersucht werden. Interessante Beiträge werden sofort in den eigenen Rechner übertragen und zu Hause gelesen oder – sofern nicht elektronisch verfügbar – direkt über Fernleihe bestellt.

Datenbanken verschiedener Organisationen stehen für die Auswertung empirischer Daten oder Untersuchungen zur Verfügung.

6.2 Hilfestellung zur Vorgehensweise bei der Literaturrecherche

Es hat sich in der Praxis bewährt, den Einstieg in die Literatursuche mittels Handwörterbüchern oder Lexika zu tätigen. Diese Werke bieten einen ersten Überblick bei einer unbekannten Thematik, beleuchten meist den historischen Hintergrund und bringen darüber hinaus zum Teil weitere Literaturhinweise.

Die Bibliothekskataloge bieten die nächste wichtige Informationsquelle bei der Literatursuche. Sie verzeichnen die an der jeweiligen Bibliothek vorhandene Literatur. Es kann jedoch vorkommen, daß das gesuchte Material in der Bibliothek nicht vorhanden ist. Der Leser kann in einem solchen Fall die Fernleihe in Anspruch nehmen. Hierzu werden zunächst die genauen bibliographischen Daten des gewünschten Materials auf einem speziell hierfür vorgesehenen Leihschein eingetragen und in der entsprechenden Bibliothek abgegeben, die den Leihschein an den regionalen Zentralkatalog weiterleitet. Inzwischen kann die Bestellung über Fernleihe auch oft „online" durchgeführt werden. Dabei ist allerdings zu beachten, daß die Wartezeit im nationalen Leihverkehr bis zu 6 Wochen betragen kann. Wartezeiten von 2 Monaten und mehr sind im internationalen Leihverkehr keine Seltenheit.

Die Quellenbasis erweitert sich durch die jeweiligen Literaturverzeichnisse der eingesehenen Bücher und Schriften kontinuierlich.

Bei der Bearbeitung einer wissenschaftlichen Themenstellung ist allgemein zu berücksichtigen, daß es nicht sinnvoll ist, die gesamte Literatur, welche für die Arbeit erforderlich zu sein scheint, schon am Anfang der Bearbeitungszeit zu beschaffen. Die Bewältigung des Stoffes nimmt erfahrungsgemäß viel Zeit in Anspruch. Dies führt häufig dazu, daß die Leihfristen für die ausgeliehenen Bücher nicht ausreichen.

6.3 Einbeziehung von empirischen Untersuchungen in wissenschaftliche Arbeiten

Mit der Durchführung und Auswertung eigener empirischer Untersuchungen ist in der Regel ein enormer Zeit- und Arbeitsaufwand verbunden. Empirische Untersuchungen können außerdem je nach Größe des Stichprobenumfangs sehr teuer sein.

Eigene empirische Untersuchungen sind aus diesen Gründen in der Regel für Seminararbeiten nicht möglich und auch für Diplomarbeiten zu aufwendig. Im Rahmen von Dissertationen wird vom Bearbeiter allerdings verlangt, einen **eigenen neuen wissenschaftlichen Beitrag** zu liefern. Dieser Beitrag kann in Form einer Befragung, eines Experimentes oder durch Entwicklung neuer theoretischer Ansätze geleistet werden, wird aber bei wirtschaftswissenschaftlichen Arbeiten in aller Regel als empirische Befragung erfolgen.

Eine Vielzahl von Regeln ist bei der Ausarbeitung und Auswertung eines Fragebogens sowie bei der Auswahl der Stichprobe zu beachten, um ein aussagefähiges Ergebnis zu erhalten. Auf diese Regeln und Methoden der empirischen Sozialforschung kann im Rahmen dieser Ausführungen nicht weiter eingegangen werden. Es wird daher an dieser Stelle beispielhaft auf zwei weiterführende Quellen verwiesen:

Schnell, Rainer et al.: Methoden der empirischen Sozialforschung. 6. Aufl. München und Wien 1999.

Friedrichs, Jürgen: Methoden empirischer Sozialforschung. 14. Aufl. Opladen 1990.

7 Vorschläge für die Zeitplanung

Der Bearbeiter muß im Rahmen der Zeitplanung sowohl bei Seminararbeiten als auch bei Diplomarbeiten und bei Dissertationen unbedingt ausreichende Zeitreserven berücksichtigen. Druckerausfälle, Computerabstürze und andere unvorhersehbare Zwischenfälle scheinen bevorzugt in Phasen großer Terminnot aufzutreten.

An dieser Stelle sei auch darauf hingewiesen, daß es sich anbietet, laufend eine oder mehrere Sicherheitskopien der Arbeit zu erstellen, um somit einem totalen Datenverlust bei einem Computerabsturz vorzubeugen.

7.1 Zeitplan für Seminararbeiten

Seminarthemen werden in der Regel am Ende des vorhergehenden Semesters vergeben. Um unnötigen Zeitdruck zu vermeiden, empfiehlt es sich, mit der Bearbeitung des Themas frühzeitig in den Semesterferien zu beginnen. Die fertige Seminararbeit muß häufig bereits am Anfang des Semesters, in dem das Seminar stattfindet, abgegeben werden. Dies ermöglicht dem Seminarleiter eine sorgfältige Durchsicht der Seminararbeiten und eine bessere Planung des gesamten Seminarablaufs. Um hier keine Überraschungen zu erleben, muß sich der Bearbeiter stets nach dem genauen Abgabetermin erkundigen und diesen auch einhalten.

Zwei Wochen müssen mindestens für die Literatursuche und für eine erste Grobgliederung angesetzt werden. Es ist sinnvoll, in diesem Zeitraum die Gliederung mit dem Themensteller durchzusprechen und dann unter Berücksichtigung eventueller Verbesserungsvorschläge mit der Ausarbeitung zu beginnen.

Die weitere Bearbeitungszeit richtet sich nach der Länge und nach dem Schwierigkeitsgrad der Seminararbeit und der Arbeitsintensität des Verfassers. Eine angemessene Zeit muß auf jeden Fall für die Reinschrift und für eine abschließende gründliche Korrekturdurchsicht einkalkuliert werden.

Die Erfahrung zeigt, daß der Zeitfaktor fast immer unterschätzt wird.

7.2 Zeitplan für Diplomarbeiten

Der Zeitraum für die Anfertigung einer Diplomarbeit ist in der Regel auf **drei Monate** beschränkt.

Zeit [Tage]	Aktivitäten	Zeitplan
0	1. Thema und Problemstellung	5 Tage
10	2. Literatur- und Materialsuche	10 Tage
20–30	3. Literatur- und Materialauswertung	15 Tage
30–50	4. Ausarbeitung des Rohentwurfs	15 Tage
50	5. Zusätzliche Literatur- und Materialsuche und deren Auswertung	10 Tage
60	6. Zeitreserve I	5 Tage
60–70	7. Ausarbeitung der Arbeit (endgültig)	12 Tage
70	8. Überprüfung des Fußnotenapparates und des Literaturverzeichnisses	4 Tage
80	9. Reinschrift	5 Tage
	10. Korrektur der Reinschrift, Binden, Abgabe	4 Tage
90	11. Zeitreserve II	5 Tage

Vorschläge für die Zeitplanung

Die Bearbeitungsfrist für die Anfertigung von Diplomarbeiten beträgt nach den Prüfungsordnungen mancher Fakultäten **sechs Monate**. Die Zeitplanung verändert sich entsprechend.

Einige der Fakultäten, die eine Bearbeitungszeit von drei Monaten vorgeben, verlängern die Bearbeitungszeit auf sechs Monate, wenn das Thema eine eigenständige empirische Untersuchung verlangt. Für die Zeitplanung ist in diesen Fällen zu berücksichtigen, daß die Entwicklung, der Versand, der Rücklauf und die Auswertung von Fragebögen sehr viel Zeit in Anspruch nehmen können. Die Erfahrung zeigt, daß der Zeitfaktor auch bei empirischen Arbeiten regelmäßig unterschätzt wird.

Anmerkung:

Fälle, in denen dem Bearbeiter ein Diplomarbeitsthema vor dem offiziellen Starttermin eröffnet wird, stellen einen „**unlauteren Wettbewerb**" dar und sind auf jeden Fall als ungerecht abzulehnen!

Die einzig faire Lösung kann nur so aussehen, daß ein Thema am Tag X (mit fester Uhrzeit) vom Prüfungsamt oder vom Lehrstuhl ausgegeben wird und daß die fertige Diplomarbeit innerhalb der Frist von drei oder sechs Monaten (spätestens am Ende dieser Fristen zu der angegebenen Uhrzeit) abgegeben wird.

7.3 Zeitplan für Dissertationen

Die Dissertation muß überwiegend aus einer produktiven wissenschaftlichen Leistung bestehen; sie muß also durch ihre Untersuchung Neuland betreten. Dies verlangt vom Doktoranden ein hohes Maß an Selbständigkeit und Originalität. Es ist deshalb schwierig, den zeitlichen Rahmen einer solchen Arbeit allgemein abzugrenzen. Wenn hier dennoch relativ kurze Termine als Richtwerte vorgeschlagen werden, dann deshalb, weil sich längere Fristen erfahrungsgemäß nachteilig auf Forschungsaktivitäten auswirken oder sogar zum Scheitern der Dissertation führen. Die Anfertigung einer guten Dissertation sollte in der Regel in **drei Jahren** möglich sein.

Es sind allerdings auch Fälle denkbar, in denen der Bearbeiter nach bereits 2 Jahren zum Abschluß seiner Dissertation kommt. „Rekordzahlen" von bis zu 14 Jahren (!) sollten auf jeden Fall vermieden werden. Insbesondere Ökonomen sollten darauf achten, daß lange Promotionszeiten von der Praxis nicht akzeptiert und von der Wissenschaft nicht verstanden werden.

Weitere Einzelheiten über Zeitvorgaben für Dissertationen müssen mit den Lehrstühlen und der Fakultät abgestimmt werden. Hinweise in Promotionsordnungen der Fakultäten und der Fachbereiche sind zu beachten.

Die **Zeitplanung** einer Dissertation unterliegt den individuellen Präferenzen des Bearbeiters. Die folgenden Daten können jedoch als Zeitrahmen gesehen werden:

- Abschluß der Stoffsammlung und des Literaturstudiums nach dem ersten Jahr.

- Erstellung des ersten Konzepts der Arbeit im zweiten Jahr.

- Überarbeitung des ersten Konzepts und Fertigstellung der Arbeit im dritten Jahr.

- Abwicklung des gesamten Verfahrens zum Ende des dritten Jahres.

Vorschläge für die Zeitplanung 21

Vorschlag für den Zeitplan am Beginn einer Dissertation:

Zeit [Monate]	**A k t i v i t ä t e n**
0	**Erste Besprechung:** - Klärung der Voraussetzungen. - Abgrenzung des Themenvorschlags.

3	**Zweite Besprechung** –
	3 Monate nach der ersten Besprechung:
	- Thema.
	- Grobgliederung.
	- Exposé (ca. 5 Schreibmaschinenseiten) mit
	  – Problemstellung.
	  – Stand der Literatur.
	  – Untersuchungsmethode.
	  – Zeitplan.

6	**Dritte Besprechung** – 3 Monate nach der zweiten Besprechung: - Überarbeitete Gliederung. - Überarbeitetes Exposé.
9	**Vierte Besprechung** – 3 Monate nach der dritten Besprechung: Vortrag und Diskussion im Doktorandenseminar mit - Begründung des Themas. - Abgrenzung und Analyse der Problematik. - Wissenschaftliche und/oder praktische Relevanz der Untersuchung. - Formulierung vorläufiger Thesen. - Darstellung des Standes der Literatur.

7.4 Hinweise zum Umfang von Seminararbeiten, Diplomarbeiten und Dissertationen

Jeder Verfasser einer Seminararbeit, einer Diplomarbeit oder einer Dissertation muß versuchen, sich in die Lage des Lesers seiner Arbeit zu versetzen. Eine zu breit angelegte Bearbeitung des Themas ist zu vermeiden. Es ist mit Sicherheit einfacher, eine wissenschaftliche Fragestellung umfangreich zu beantworten als sich in straffer Gedankenführung auf die wesentlichen Punkte, Probleme und Ergebnisse zu konzentrieren. Es ist leider festzustellen, daß betriebswirtschaftliche Abhandlungen heute tendenziell zu ausführlich, teilweise sogar weitschweifig formuliert sind.

Seminararbeiten

Seminararbeiten sollten im Textteil den Umfang von 10-12 Seiten bei 1,5-fachem Zeilenabstand nicht überschreiten.

Im Rahmen der Seminarveranstaltung wird von dem Verfasser einer Seminararbeit erwartet, daß er die wesentlichen Gesichtspunkte seiner schriftlichen Ausführungen in einem ca. 10- bis 15-minütigen freien Vortrag zusammenfassen kann.

Diplomarbeiten

Eine Diplomarbeit sollte im Textteil nicht mehr als 60 Seiten umfassen. Ausnahmen sind nur in begründeten Fällen und nach Vereinbarung zulässig.

Dissertationen

Für Dissertationen besteht keine Beschränkung des Umfangs, doch sind auch hier die oben genannten Hinweise zu beachten. Ein Umfang von 200 Seiten stellt bei wirtschaftswissenschaftlichen Abhandlungen eine Art Schallgrenze dar, die nur in begründeten Ausnahmefällen überschritten werden sollte.

Die Erfahrung lehrt, daß ein wissenschaftliches Problem durchaus auf 150 Seiten analysiert und geklärt werden kann.

8 Formale Gestaltung einer wissenschaftlichen Arbeit

Eine einheitliche Gestaltung ist für den formalen Aufbau wissenschaftlicher Arbeiten vorgegeben, um dem Leser die Durchsicht zu erleichtern. Die Bestandteile, die für wissenschaftliche Arbeiten vorgegeben werden, sind in der entsprechenden Reihenfolge in der Arbeit zu berücksichtigen, um ein einheitliches Erscheinungsbild zu gewährleisten und um dem wissenschaftlichen Charakter von Seminararbeiten, Diplomarbeiten und Dissertationen gerecht zu werden.

8.1 Bestandteile einer wissenschaftlichen Arbeit

Seminararbeit

Bestandteile einer Seminararbeit

- Titelblatt.
- Inhaltsverzeichnis (Gliederung).
- Anhangverzeichnis.
- Abbildungsverzeichnis.
- Tabellenverzeichnis.
- Abkürzungsverzeichnis.
- Text der Arbeit.
- Anhang.
- Literaturverzeichnis.
- Gegebenenfalls Kurzfassung oder Thesenpapier (1 Seite).

Ein Vorschlag zur Gestaltung des Titelblattes findet sich auf der folgenden Seite.

Grundlagen der amerikanischen Rechnungslegung

Seminar Sommersemester 2002: Internationale Rechnungslegung
Thema (10)

XYZ–Universität
Fakultät für Wirtschaftswissenschaften
Lehrstuhl für Betriebswirtschaftslehre
Accounting – Auditing – Consulting

Prof. Dr. Franz Gescheit

Eingereicht von
cand. rer. pol. Sebastian Hakelmacher
Matr.-Nr. 52 766
Universitätsstraße 49
69696 Volksdorf

Volksdorf, 16. Juni 2002

Kurzfassungen sollten die wichtigsten Ergebnisse der Arbeit enthalten. Da Kurzfassungen häufig an die Seminarteilnehmer verteilt werden, müssen sie formal einheitlich gestaltet sein.

Angaben bei Kurzfassungen im Kopfteil der Seite

```
Sebastian Hakelmacher                              16. Juni 2002
Grundlagen der amerikanischen Rechnungslegung

Seminar Sommersemester 2002: Internationale Rechnungslegung
Thema (10)
                        Kurzfassung
```

Diplomarbeit

Bestandteile einer Diplomarbeit

- Titelblatt.
- Inhaltsverzeichnis (Gliederung).
- Anhangverzeichnis.
- Abbildungsverzeichnis.
- Tabellenverzeichnis.
- Abkürzungsverzeichnis.
- Text der Arbeit.
- Anhang.
- Literaturverzeichnis.
- Eidesstattliche Versicherung.
- Lebenslauf.

Die Diplomarbeit muß fest eingebunden sein.

Ein Vorschlag zur Gestaltung des Titelblattes findet sich auf der folgenden Seite.

**AKTIVE UND PASSIVE LATENTE STEUERN
IM EINZEL- UND IM KONZERNABSCHLUSS**

DIPLOMARBEIT

zur Erlangung des Grades einer Diplom-Kauffrau

an der

XYZ–Universität

Fakultät für Wirtschaftswissenschaften
Lehrstuhl für Betriebswirtschaftslehre
Accounting – Auditing – Consulting

Prof. Dr. Franz Gescheit

Eingereicht von
cand. rer. pol. Marion von Wissen
Matr.-Nr. 63 955
Zwischenhausen 2
96969 Musterstadt

Musterstadt, 04. Dezember 2002

Dissertation

Die Dissertation muß einen eigenen neuen wissenschaftlichen Beitrag liefern. Der Bewerber muß zeigen, daß er imstande ist, eine Frage weiterführender wissenschaftlicher Erkenntnisse richtig zu stellen und sie selbständig und methodisch einwandfrei zu bearbeiten. Ausschließlich formale Leistungen, insbesondere solche literarischer „Berichterstattung", genügen nicht.

Bestandteile einer Dissertation

- Titelblatt.
- Inhaltsübersicht.
- Inhaltsverzeichnis (Gliederung).
- Anhangverzeichnis.
- Abbildungsverzeichnis.
- Tabellenverzeichnis.
- Abkürzungsverzeichnis.
- Text der Arbeit.
- Anhang.
- Literaturverzeichnis.
- Eidesstattliche Versicherung.
- Lebenslauf.

Sofern die Dissertation veröffentlicht wird (ggf. in einer Schriftenreihe), ändern sich die Bestandteile der Dissertation für die Publikation. Zwischen das Titelblatt und die Inhaltsübersicht sind folgende weitere Bestandteile einzufügen:

- Abstract.
- Vorwort des Herausgebers der Schriftenreihe.
- Vorwort des Verfassers.

Ein Vorschlag zur Gestaltung des Titelblattes findet sich auf der folgenden Seite.

Lehrstuhl für Betriebswirtschaftslehre

Accounting – Auditing – Consulting

Technische Universität München

Internationalisierung der Betriebswirtschaftslehre

Dipl.-Ing. ....

Vollständiger Ausdruck der von der Fakultät für Wirtschaftswissenschaften der Technischen Universität München zur Erlangung des akademischen Grades eines Doktors der Wirtschaftswissenschaften (Dr. rer. pol. / Dr. oec.) genehmigten Dissertation.

Vorsitzender: Univ.-Prof. Dr. ....

Prüfer der Dissertation:

1. Univ.-Prof. Dr. ....
2. Univ.-Prof. Dr. ....

Die Dissertation wurde am xx.xx.2002 bei der Technischen Universität München eingereicht und durch die Fakultät für Wirtschaftswissenschaften am xx.xx.2002 angenommen.

Auf der Rückseite des Titelblattes:

> Als Dissertation am Fachbereich Wirtschaftswissenschaften angenommen am ....
>
> Prüfungskommission:
>
> Vorsitzender: Univ.-Prof. Dr. Klaus Müller
>
> 1. Prüfer: Univ.-Prof. Dr. Anja Gescheit
> 2. Prüfer: Univ.-Prof. Dr. Max Meier
>
> Tag der mündlichen Prüfung: ....

Die Promotionsordnungen mancher Fakultäten enthalten die Bestimmung, daß ein **Abstract** der dem Dekanat eingereichten Dissertation beizulegen ist. Das Abstract ist eine inhaltliche Kurzfassung, die den Leser über die wesentlichen Gedankengänge und Schlußfolgerungen der Arbeit unterrichtet. Die Länge des Abstract darf eine Seite nicht überschreiten. Abbildungen und Tabellen gehören schon aus Platzmangel nicht in ein Abstract.

Das **Vorwort des Verfassers** der Arbeit enthält persönliche Bemerkungen, wie etwa den Anlaß für die Arbeit, Probleme bei der Bearbeitung und Danksagungen. Es darf nicht mit dem Einleitungsteil (Problemstellung und Gang der Untersuchung) der Arbeit verwechselt werden; Anmerkungen zum Inhalt und zum sachlichen Aufbau der Dissertation gehören also nicht zum Vorwort.

Die **Inhaltsübersicht** enthält die Hauptgliederungspunkte der Arbeit (Gliederungspunkte bis zur zweiten Gliederungsebene) mit Angabe der entsprechenden Seitenzahlen. Die Inhaltsübersicht ist ein verkürztes Inhaltsverzeichnis. Der Zweck der Inhaltsübersicht besteht darin, eine erste Abschätzung und Beurteilung der Schwerpunkte einer Arbeit anhand der angesprochenen Themenbereiche und des Umfangs der einzelnen Ausführungen zu ermöglichen.

Formale Gestaltung 31

Executive Summary

Executive Summaries sollten die wichtigsten Ergebnisse der wissenschaftlichen Arbeit in englischer Sprache zusammenfassen und den Exemplaren der Arbeit beigefügt werden.

Beispiel für ein Executive Summary:

- **AS AN INCREASING PERCENTAGE OF AMERICANS** reaches age 65, counseling older clients will become a more important part of a CPA's practice.

- **WORKERS AGE 65 OR OLDER CAN RECEIVE FULL** Social Security benefits regardless of earning; those under age 65 will lose benefits if they earn too much. Taxation of social security benefits depends on provisional income. For maried taxpayers filing jointly, provisional income between $32,000 and $44,000 means as much as 50% of the benefits may be taxed.

- **CLIENTS MAY BE ABLE TO EXCLUDE UP TO $500,000** of gain from the sale of a principal residence ($250,000 for single taxpayers) if they meet certain conditions. Generally, to be eligible for the exclusion taxpayers must meet ownership and use tests.

- **BENEFITS UNDER ACCIDENT OR HEALTH INSURANCE** policies generally are not taxed, including payments from an employer-sponsored plan for qualifying medical care. Amounts received under a qualified long-term care insurance policy are also excluded, although the exclusion is limited to $200 per day or the actual cost of care, whichever is greater.

- **PENALTIES MAY APPLY WHEN RETIREMENT PLAN** distributions are taken too early or too slowly. The penalty on early withdrawals is 10%, while violating the minimum distribution rules can mean a 50% penalty. Lump sum distributions may be eligible for special tax treatment.

Quelle: Kopin, Marion and Arlene Hibschweiler: Counseling Older Clients. In: Journal of Accountancy. Vol. 191 No. 4, April 2001, p. 52.

8.2 Schreibtechnische Anforderungen an eine wissenschaftliche Arbeit

Satzspiegel

Weißes Schreibmaschinenpapier vom Format DIN-A4 mit einem Gewicht von mindestens 70g/m^2 sollte für wissenschaftliche Arbeiten benutzt werden. Die Blätter werden nur einseitig beschrieben.

Randbreiten auf einer Seite (Richtwerte):

Oben:	Die Seitenzahl steht 1,5 cm von der oberen Papierkante über der Mitte des Textes. Der Abstand von der oberen Papierkante bis zur ersten Textzeile beträgt 3 cm.
Unten:	3 cm. Fußnoten müssen in den Satzspiegel einbezogen werden. Der Abstand von der unteren Papierkante bis zur letzten Zeile der letzten Fußnote beträgt also 3 cm.
Links:	3,5 cm.
Rechts:	2 cm.

Formale Gestaltung

Beispiel einer Musterschablone:

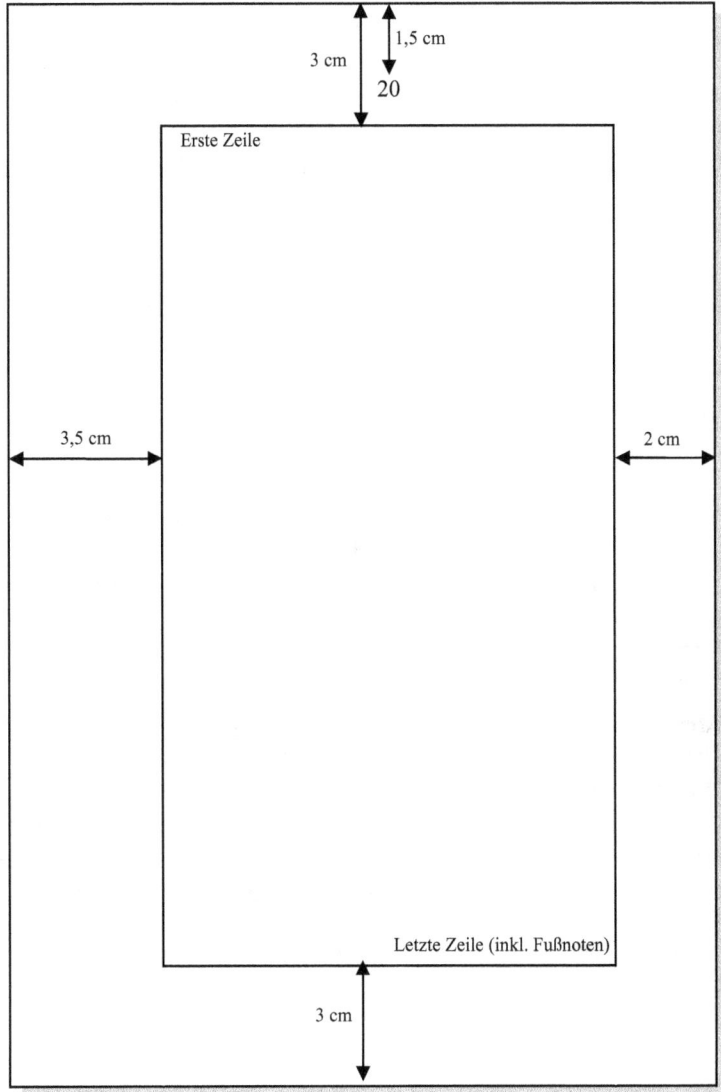

Schreibtechnik

Diverse Textverarbeitungsprogramme (u. a. Word, Word für Windows, Ami-Pro, Word Perfect) stehen für wissenschaftliche Arbeiten zur Verfügung.

Der Text der wissenschaftlichen Arbeit ist z. B. bei Verwendung des Schrifttyps „Times New Roman" in **12er Schriftgrad** bei **1,5-fachem Zeilenabstand** zu schreiben.

Die Absätze sind in **Blocksatz** zu halten und von nachfolgenden Absätzen durch eine Leerzeile zu trennen. Die Trennung von Absätzen durch lediglich einen Zeilenumbruch ist auf Grund der Lesbarkeit zu unterlassen.

Silbentrennungen sollten zur Gewährleistung einer guten Lesbarkeit der Arbeit nur sehr begrenzt verwendet werden. Auf eine automatische Silbentrennung, die alle Textverarbeitungsprogramme anbieten, sollte ganz verzichtet werden.

Trennungen sollten, wenn überhaupt, nur „sinnvoll" erfolgen: es sollten nur verständliche Wortteile getrennt werden (z. B. Wirtschafts-prüfer; Handelsgesetz; Betriebswirtschaft).

Trennungen über das Ende einer Seite hinaus müssen wegen der dann eingeschränkten Lesbarkeit vermieden werden.

Das Ersetzen von Wortteilen durch Trennungsstriche (z. B. Aus- und Fortbildung) sollte ebenfalls vermieden werden (hier also: Ausbildung und Fortbildung). Eine Ausnahme stellen feststehende Begriffspaare dar, wie z. B. die „Vermögens-, Finanz- und Ertragslage".

Fettdruck innerhalb des Textes zur Hervorhebung von Wörtern oder einzelnen Passagen darf nur in Ausnahmefällen verwendet werden. Die zu häufige Verwendung von Fettdruck führt nicht zu einer Verbesserung der Übersichtlichkeit, sondern eher zu einer Verschlechterung der Lesbarkeit der wissenschaftlichen Arbeit.

Der wissenschaftliche Charakter von Seminararbeiten, Diplomarbeiten und Dissertationen gebietet es, daß für den Leser nachvollziehbar ist, wie sich der Gedankengang der Arbeit vollzieht und woher der Autor seine Informationen für das Thema bezieht. Aus diesem Grund sind sogenannte „**man-Aussagen**" wie etwa „man sagt", „man sollte", „man wird sehen" auf jeden Fall in wissenschaftlichen Arbeiten zu unterlassen (Ausnahme: wörtliche Zitate).

Aufzählungen im Text

Die einzelnen Glieder einer Aufzählung werden mit arabischen Ziffern durchnumeriert. Die Aufzählung endet jeweils mit einem Punkt. Wird im folgenden Text auf die Aufzählung Bezug genommen, müssen die jeweiligen Glieder der Aufzählung mit der Aufzählungsnummer wieder erscheinen.

Beispiel für Aufzählungen im Text:

Die Interne Revision umfaßt folgende traditionelle Aufgabengebiete:
(1) Financial Auditing.
(2) Operational Auditing.
(3) Management Auditing.
(4) Internal Consulting.

(1) **Financial Auditing**

   Unter Financial Auditing werden formelle und materielle Prüfungen im ... .

(2) **Operational Auditing**

   Operational Auditing stellt eine zukunftsorientierte, unabhängige und systematische Beurteilung der ... .

(3) **Management Auditing**

   Management Auditing stellt eine Hilfe bei der Beurteilung unternehmerischer Entscheidungen dar und umfaßt ... .

(4) **Internal Consulting**

   Der Schwerpunkt der Tätigkeit der Internen Revision liegt heute nicht mehr so sehr im Bereich des Financial ... .

Numerierung der Seiten (Paginierung)

Die Paginierung erfolgt in der Weise, daß bis zum Beginn der reinen Ausführungen alle Seiten mit römischen Ziffern versehen werden. Alle folgenden Seiten sind mit arabischen Ziffern zu numerieren, auch die Seiten des Anhangs und die Seiten des Literaturverzeichnisses.

Die Titelseite, die eidesstattliche Versicherung und der Lebenslauf sind nicht in die Paginierung einzubeziehen und auch nicht mitzuzählen.

8.3 Gliederung einer wissenschaftlichen Arbeit (Inhaltsverzeichnis)

Jede wissenschaftliche Arbeit muß eine Gliederung enthalten, die übersichtlich gestaltet dem Text der Arbeit vorangestellt wird. Die Gliederung muß den logischen Ablauf der Arbeit verdeutlichen („**roter Faden**"). Jeder Verfasser muß sich bewußt sein, daß die Gliederung eine erste Information über den Inhalt geben muß. Eine verständliche Formulierung der Gliederungspunkte läßt eine klare, systematische und in sich geschlossene Gedankenführung erkennen. Jeder Gliederungspunkt muß den Inhalt des entsprechenden Abschnitts der Ausarbeitung genau wiedergeben. Schlagwortartige Gliederungspunkte sind in den meisten Fällen unzureichend (**kein Substantivismus**).

Beispiel für die Verwendung von Substantivismen in einer Gliederung:

---

1 Kriterien für einzelbetriebliche Transportentscheidungen

  1.1 Quantitative Entscheidungskriterien

    1.1.1 Die Transportkosten für die Verkehrsmittel LKW, Güterzug, Schiff und Flugzeug

      1.1.1.1 Die Vertriebskosten

      1.1.1.2 Die Kosten für Betriebseinrichtungen

      1.1.1.3 Die Verpackungskosten

      1.1.1.4 Die Produktionskosten

      1.1.1.5 Die Informationskosten

Das folgende Beispiel beinhaltet eine verständliche Formulierung der Gliederungspunkte:

Beispiel einer verständlichen Formulierung von Gliederungspunkten:

> 2 Die deutsche Brauwirtschaft in der Krise – Notwendigkeit zur internationalen Markterweiterung
>
>   2.1 Situation und Entwicklung der deutschen Brauwirtschaft – Kennzeichen einer Strukturkrise
>
>   2.1.1 Aktuelle Zahlen und Daten zur Struktur der deutschen Brauwirtschaft
>
>   2.1.2 Trends und prognostizierte Entwicklungen für die deutsche Brauwirtschaft
>
>   2.1.3 Strukturelle Besonderheiten der deutschen Brauwirtschaft im internationalen Vergleich

Es muß darauf geachtet werden, daß die Gliederung einer wissenschaftlichen Arbeit sowohl **sachlich** als auch **optisch nicht unproportioniert** erscheint: Gliederungspunkte, denen sachlich gleiches Gewicht beizumessen ist, sind auch möglichst gleich stark zu untergliedern. Der Grad der Untergliederung der einzelnen Gliederungspunkte muß ausgewogen sein. Die dem Autor zur Verfügung stehende Seitenzahl sollte auf die einzelnen Gliederungspunkte möglichst gleichmäßig verteilt werden.

Die einzelnen Gliederungspunkte müssen in den schriftlichen Ausführungen als Überschriften **wortgetreu** wiederkehren; sie sind daher in dem Inhaltsverzeichnis mit den entsprechenden Seitenzahlen des Textes zu versehen.

Gliederungen werden in substantivierter Form ausgedrückt. Die Gliederungspunkte sind ohne Verben zu formulieren; deshalb darf hinter den einzelnen Gliederungspunkten kein Punkt gesetzt werden.

Untergliederungen müssen einen übergeordneten Gliederungspunkt klären. Beispielsweise müssen die Punkte 2.1.1 bis 2.1.5 alle den Punkt 2.1 klären. Einem Unterpunkt 2.1 muß ein Unterpunkt 2.2 folgen. Im Textteil der wissenschaftlichen Arbeit sollte auf jeden Fall darauf geachtet werden, daß zwischen Gliederungsoberpunkten (z. B. 3.1) und Gliederungsunterpunkten (z. B. 3.1.1) auf den Inhalt der folgenden Kapitel kurz eingegangen wird.

Eine Aneinanderreihung mehrerer Gliederungspunkte ohne eine entsprechende Textpassage zwischen diesen Punkten muß vermieden werden. Im folgenden Beispiel werden drei Gliederungspunkte untereinander gebracht, der Text folgt erst anschließend.

Beispiel für eine Aneinanderreihung mehrerer Gliederungspunkte, ohne entsprechende Textpassagen:

---

4 Alternative Strategien für den Transport und die Distribution deutscher Produkte nach Spanien und Portugal

   4.1 Alternative Strategien für die Distribution von deutschen Produkten in Spanien und in Portugal

      4.1.1 Die Bedeutung der Distribution im Strategieumfeld eines Unternehmens

Distributionsentscheidungen, insbesondere über den Aufbau der Distributionswege, sind von ... .

---

mit entsprechenden Textpassagen zwischen diesen Punkten:

---

2 **Die Verkaufsförderung als Bestandteil des Marketingmix**

Die Definition und die Abgrenzung der Verkaufsförderung müssen unter anderem von ihrem Standort im Marketingmix ausgehen, der daher in diesem Kapitel zunächst festgelegt wird.

2.1 Die Stellung der Verkaufsförderung im Marketingmix

Verkaufsförderung ist eines der Instrumente des Marketing, die in der betriebswirtschaftlichen Literatur auch oft als absatzpolitische Instrumente bezeichnet werden. Dort finden sich zahlreiche Systematisierungsansätze des absatzpolitischen Instrumentariums.

2.1.1 Die Systematisierungsansätze des absatzpolitischen Instrumentariums

Produktpolitik, Distributionspolitik, Preispolitik und Kommunikationspolitik ... .

Unterpunkte dürfen übergeordnete Punkte nicht wiederholen.

Beispiel für die Wiederholung eines übergeordneten Punktes durch Unterpunkte:

---
3 Begriff und Wesen der Jahresabschlußprüfung

    3.1 Begriff der Jahresabschlußprüfung

    3.2 Wesen der Jahresabschlußprüfung

Falsch!

Die Problemstellung der wissenschaftlichen Arbeit und die Vorgehensweise bei der Untersuchung müssen den Ausführungen in Form eines separaten Gliederungspunktes vorangestellt werden. Der Autor der wissenschaftlichen Arbeit kann seinen Lesern hierdurch verdeutlichen, warum er sich innerhalb seiner Arbeit mit dem Thema befaßt hat und wie er zur Bewältigung des Themas vorgegangen ist.

Beispiel für eine Problemstellung:

---
1 Problemstellung und Gang der Untersuchung

    1.1 Amerikanische Rechnungslegungsvorschriften als Schlüssel zum US-Kapitalmarkt für deutsche Unternehmen

    1.2 Die Begriffe Bilanzpolitik und Bilanzkultur

    1.3 Vorgehensweise der Arbeit

Eine schematische Darstellung des Untersuchungsablaufes der wissenschaftlichen Arbeit in Form eines **Ablaufdiagramms** erleichtert es dem Leser, den Gedankengang innerhalb der Arbeit nachzuvollziehen. Es ist für jede wissenschaftliche Arbeit – insbesondere aber für Diplomarbeiten und für Dissertationen – zu empfehlen, ein Ablaufdiagramm in die Ausführungen zur Vorgehensweise der Arbeit zu integrieren.

Ein Beispiel für ein Ablaufdiagramm zur Gliederung bzw. Inhaltsübersicht auf den Seiten 38 und 39 findet sich auf der folgenden Seite.

Formale Gestaltung 41

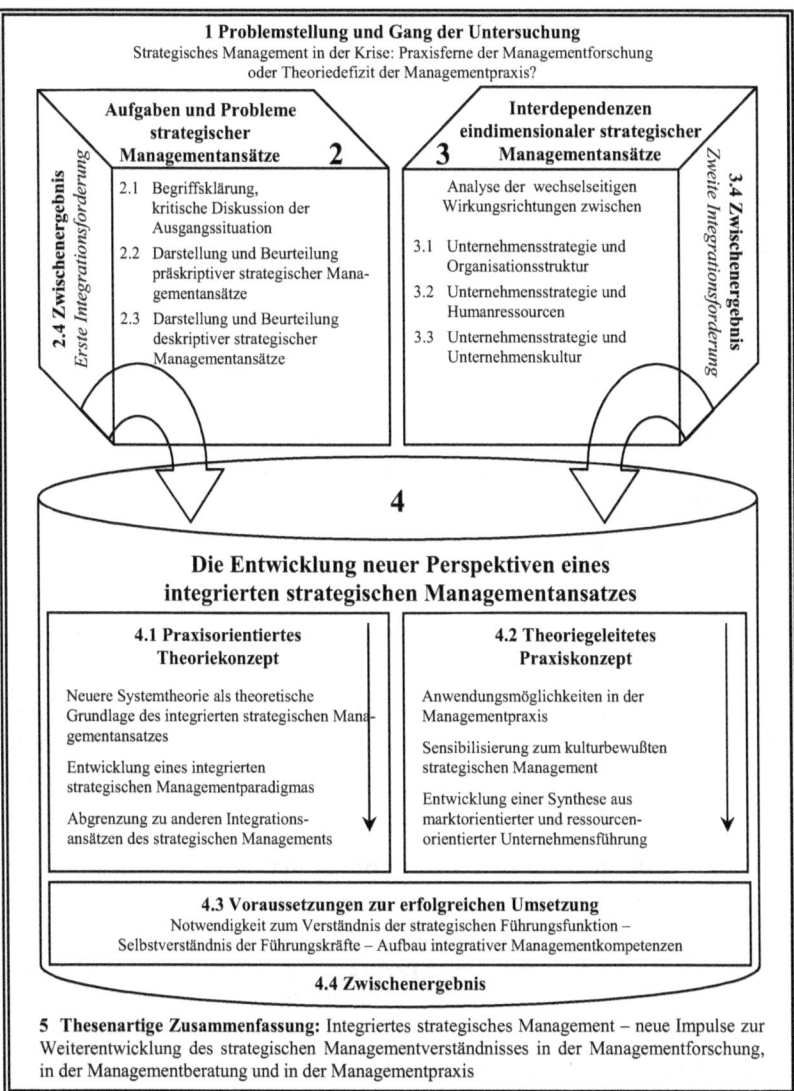

Quelle: Jahns, Christopher: Integriertes strategisches Management. Neue Perspektiven zur Theorie und Praxis des strategischen Managements. Schriftenreihe Managementorientierte Betriebswirtschaft – Konzepte, Strategien, Methoden – Hrsg. Wolfgang Lück. Sternenfels und Berlin 1999, S. 12.

Das **Gesamtergebnis** der wissenschaftlichen Arbeit muß in Form eines separaten Gliederungspunktes am Ende der Arbeit komprimiert zusammengefaßt werden. Diese Zusammenfassung beinhaltet die Lösung des in der Problemstellung aufgeworfenen Problems. Der Leser freut sich mit Sicherheit, wenn das Gesamtergebnis thesenartig – mit Begründungen zu den einzelnen Thesen – dargestellt wird:

Beispiel einer thesenartigen Zusammenfassung der Ergebnisse:

---

5 Thesenartige Zusammenfassung der Ergebnisse: Wachsender Handlungsbedarf für eine internationale Markterweiterung der deutschen Brauwirtschaft

(1) Die Situation der deutschen Brauwirtschaft ist gekennzeichnet durch eine tiefgreifende Strukturkrise und durch einen sich verstärkenden Strukturwandel.

Viele der rund 1.200 deutschen Brauereien kämpfen zur Zeit mit tiefgreifenden Strukturproblemen. ...

(2) Die Krise der deutschen Brauwirtschaft ist ein „hausgemachtes" Problem.

Die historisch gewachsene, von mittelständischen Anbietern geprägte Branchenstruktur der deutschen Brauwirtschaft ist angesichts zahlreicher Veränderungen und Entwicklungen im Unternehmens- und Brachenumfeld nicht mehr zeitgemäß. ...

(3) Die deutsche Brauwirtschaft weist vor dem Hintergrund ... .

Quelle: Schulte, Axel Th.: Internationalisierung der deutschen Brauwirtschaft. Notwendigkeit, Potentiale und Bereitschaft zur internationalen Markterweiterung. Band 9 der Schriftenreihe für die Brauwirtschaft. Hrsg. Wolfgang Lück. Krefeld 1999, S. 186-193.

Die Ergebnisse der einzelnen Kapitel (Abschnitte) der Arbeit sollten in Form von **Zwischenergebnissen** als separater Gliederungspunkt das entsprechende Kapitel abschließen. Die Zwischenergebnisse müssen den roten Faden der Arbeit wiedergeben.

Das folgende Beispiel einer Gliederung verdeutlicht die Einbeziehung von Zwischenergebnissen in die Gliederung einer wissenschaftlichen Arbeit.

Formale Gestaltung 43

Beispiel für eine Gliederung mit Zwischenergebnissen:

---

1 Problemstellung und Gang der Untersuchung

   1.1 Strategisches Management in der Krise: Praxisferne der Managementforschung oder Theoriedefizit der Managementpraxis?

   1.2 Zielsetzung und Aufbau der Untersuchung

2 Aufgaben und Probleme strategischer Managementansätze als Ausgangspunkt für die Erarbeitung eines integrierten strategischen Managementverständnisses

   2.1 Die Charakterisierung des Begriffs des strategischen Managements unter besonderer Berücksichtigung aktueller Probleme der Managementpraxis

   2.2 Der Beitrag der präskriptiven Managementansätze zur Entwicklung neuer Perspektiven eines integrierten strategischen Managementansatzes

   2.3 Der Beitrag der deskriptiven strategischen Managementansätze zur Entwicklung neuer Perspektiven eines integrierten strategischen Managementansatzes

   2.4 Zwischenergebnis: Die Notwendigkeit zur integrativen Verknüpfung der präskriptiven und der deskriptiven Managementansätze

3 Die interdependenten Beziehungen zwischen den Elementen des strategischen Managements: Grenzen der eindimensionalen Erklärungsansätze zur Entwicklung eines integrativen strategischen Managementverständnisses

   3.1 Die wechselseitigen Wirkungszusammenhänge zwischen der Unternehmensstrategie und der Organisationsstruktur

   3.2 Die wechselseitigen Wirkungszusammenhänge zwischen der Unternehmensstrategie und den Humanressourcen

> 3.3 Die wechselseitigen Wirkungszusammenhänge zwischen der Unternehmensstrategie und der Unternehmenskultur
>
> 3.4 Zwischenergebnis: Die Notwendigkeit der integrativen Verbindung von strategischer Planung, Organisationsentwicklung und strategischem Personalmanagement unter Berücksichtigung der Problematik starker oder schwacher Unternehmenskulturen
>
> **4 Das Potential des integrierten strategischen Managementansatzes – Neue Ansatzpunkte für die Managementforschung und die Managementpraxis**
>
> 4.1 Das praxisorientierte Theoriekonzept des integrierten strategischen Managementansatzes
>
> 4.2 Das theoriegeleitete Praxiskonzept des integrierten strategischen Managementansatzes
>
> 4.3 Die Voraussetzungen zur erfolgreichen Anwendung und zur erfolgreichen Umsetzung des integrierten strategischen Managementansatzes
>
> 4.4 Zwischenergebnis: Neue strategische Steuerungsmöglichkeiten durch den wechselseitigen Einsatz gleichwertiger strategischer Managementfunktionen
>
> **5 Thesenartige Zusammenfassung der Ergebnisse: Integriertes strategisches Management – neue Impulse zur Weiterentwicklung des strategischen Managementverständnisses in der Managementforschung, in der Managementberatung und in der Managementpraxis**

Quelle: Jahns, Christopher: Integriertes strategisches Management. Neue Perspektiven zur Theorie und Praxis des strategischen Managements. Schriftenreihe Managementorientierte Betriebswirtschaft – Konzepte, Strategien, Methoden – Hrsg. Wolfgang Lück. Sternenfels und Berlin 1999, S. VI-VII.

Bei der Schreibform einer Gliederung wird das Abstufungsprinzip von dem Linienprinzip unterschieden.

Beim **Abstufungsprinzip** stehen gleichrangige Überschriften auf der gleichen vertikalen Linie. Unterrangige Überschriften werden eingerückt, stehen für sich aber wiederum auf einer vertikalen Linie:

```
1
    1.1
    1.2
        1.2.1
        1.2.2
    1.3
2
    2.1
        2.1.1
        2.1.2
    2.2
    2.3
3
usw.
```

Beim **Linienprinzip** stehen alle Gliederungspunkte ohne Rücksicht auf ihren Rang auf der gleichen vertikalen Linie:

```
1
1.1
1.2
1.2.1
1.2.2
1.3

2
2.1
2.1.1
2.1.2
2.2
2.3

3
usw.
```

Der Vorteil des Abstufungsprinzips besteht darin, daß der Leser die Ränge und die Bedeutungen der Überschriften, ihre Zugehörigkeit sowie ihre Gleichordnung, Unterordnung und Überordnung leicht erkennen kann. Konzeption und Schwerpunkte der Arbeit sind optisch gut verdeutlicht.

Dies gilt allerdings nicht bei sehr starker Untergliederung eines Textes. Bei vielen Untergliederungspunkten verschiebt sich die horizontale Auflistung immer weiter an den rechten Rand. Bei einer mehr als vierrangigen Untergliederung, in der Regel also bei Diplomarbeiten und Dissertationen, wird die Gesamtgliederung schnell unübersichtlich und optisch unschön.

Eine Gliederung nach dem Linienprinzip wird für Diplomarbeiten und Dissertationen empfohlen.

Das Abstufungsprinzip ist bei Seminararbeiten wünschenswert.

Die Übersichtlichkeit des Inhaltsverzeichnisses wird durch eine systematische und sinnvolle Anwendung unterschiedlicher Zeilenabstände zwischen den Gliederungspunkten verbessert.

Für die **Gliederungssystematik** gibt es zahlreiche Verfahren. Es ist jedoch heute üblich, für Seminararbeiten, für Diplomarbeiten und für Dissertationen die **Dezimalordnung** zu benutzen.

Die alphanumerische Ordnung ist allerdings auch heute noch in Lehrbüchern anzutreffen.

Ein Beispiel für eine Gliederung nach der Dezimalordnung und nach dem Abstufungsprinzip findet sich auf der folgenden Seite.

Formale Gestaltung 47

Beispiel einer Gliederung nach der Dezimalordnung und nach dem Abstufungsprinzip:

Inhaltsverzeichnis	
	Seite
Abbildungsverzeichnis	II
Abkürzungsverzeichnis	III
1 Problemstellung: Die Bedeutung der Verkaufsförderung als absatzpolitisches Instrument vor dem Hintergrund der bestehenden Markt- und Wettbewerbssituation	1
2 Die Verkaufsförderung als Bestandteil des Marketingmix	1
2.1 Die Stellung der Verkaufsförderung im Marketingmix	1
2.2 Die Bestimmung und Abgrenzung des Begriffs ‚Verkaufsförderung' innerhalb des Kommunikationsmix	2
2.3 Zwischenergebnis: Die Verkaufsförderung als wichtiges Instrument innerhalb des Marketingmix	4
3 Die Entscheidungen im Vorfeld einer Verkaufsförderungsaktion	4
3.1 Die Analyse der Ausgangssituation einer Verkaufsförderungsaktion	4
3.2 Die Festlegung der Verkaufsförderungsziele	5
3.3 Die Entwicklung des Verkaufsförderungsprogramms	6
3.4 Zwischenergebnis: Die Notwendigkeit der Planung von Verkaufsförderungsaktionen	7
4 Die Aktivitäten im Verlauf einer Verkaufsförderungsaktion	7
4.1 Die Durchführung einer Verkaufsförderungsaktion	7
4.2 Die Kontrolle einer Verkaufsförderungsaktion	9
4.3 Zwischenergebnis: Umfangreiche Möglichkeiten der Gestaltung von Verkaufsförderungsaktionen	10
5 Thesenartige Zusammenfassung der Ergebnisse	10
Literaturverzeichnis	11

8.4 Anhang mit Anhangverzeichnis

In einer wissenschaftlichen Arbeit sollte nach Möglichkeit auf einen „Anhang" oder auf sogenannte „Anlagen" verzichtet werden. Anlagen sind sowohl Darstellungen wissenschaftlicher oder technischer Art als auch Tabellen, die in den Anhang einer wissenschaftlichen Arbeit aufgenommen werden.

Anlagen erwecken stets den Verdacht, daß sie nicht mitverarbeitet, sondern lediglich mit einer gewissen Pompösitätsabsicht der Arbeit angehängt wurden.[1] Es ist besser, eine Anlage in Form einer Abbildung oder einer Tabelle in den Text zu integrieren. Der Inhalt der Anlage wird dem Leser dadurch besser zugänglich.

Ein Anhang sollte nur ausnahmsweise der Arbeit angefügt werden, und zwar dann, wenn wesentliche **ergänzende Materialien** aufzunehmen sind, die im Textteil stören würden und die für das Verständnis der Ausführungen notwendig erscheinen. Beispiele: doppelseitige Tabellen, Fragebögen oder größere Abbildungen. Es muß jedoch darauf geachtet werden, daß der Anhang auf wesentliche Ergänzungen beschränkt wird.

Die in den Anhang aufgenommenen Anlagen sind in einem speziellen **Anhangverzeichnis** aufzuführen.

Das Anhangverzeichnis enthält folgende Bestandteile:

- Anlagenummern.
- Anlageüberschriften.
- Seitenzahl, auf der sich die jeweilige Anlage im Anhangteil befindet.

---

1) Vgl. bereits Scheibler, Albert: Technik und Methodik des wirtschaftswissenschaftlichen Arbeitens. München 1976, S. 179.

Die Anlagenummern und die Anlageüberschriften des Verzeichnisses müssen mit denen im Anhangteil übereinstimmen.

Anlageüberschriften sind mit einzeiligem Abstand zu schreiben und sollten nicht mit einem Punkt geschlossen werden. Die einzelnen Anlageüberschriften sind durch 1,5-fachen Zeilenabstand zu trennen.

Ein Beispiel für ein Anhangverzeichnis findet sich auf der folgenden Seite.

Beispiel für ein Anhangverzeichnis:

– XII –

Anhangverzeichnis

Seite

Anlage 1: Interviewpartner in den USA und in Deutschland 148

Anlage 2: Leitfaden der in den USA und in Deutschland geführten Interviews 149

Anlage 3: Angaben zu den Vergütungsregeln der American Telegraph & Telephone Co. und den Bezügen ihrer fünf bestbezahlten Manager im *Proxy-Statement* 151

Anlage 4: Angaben zur Vergütung der Organe der Volkswagen AG nach § 285 Nr. 9 HGB 156

Anlage 5: Für den Finanzierungsvergleich ausgewählte amerikanische Unternehmen.. 157

Anlage 6: Für den Finanzierungsvergleich ausgewählte deutsche Unternehmen... 158

Anlage 7: Verteilung der ausgewählten Unternehmen auf die einzelnen Industriesektoren in den USA und in Deutschland 159

Anlage 8: Untersuchungsergebnisse zu den Finanzierungsarten der amerikanischen Unternehmen 160

Anlage 9: Untersuchungsergebnisse zu den Finanzierungsarten der deutschen Unternehmen 163

Anlage 10: Angaben zu den kurz- und langfristigen Verbindlichkeiten der Eastman Kodak Co. im Geschäftsbericht 1992 166

Anlage 11: Überleitung von Konzern-Jahresüberschuß und Eigenkapital der Daimler-Benz AG auf US-GAAP 168

Anlage 12: Angaben zu den Pensionsverbindlichkeiten und den Rückstellungen für Betriebsrentner der Chrysler Corp. im Geschäftsbericht 1992 169

Der Anhang folgt direkt nach den Text-Ausführungen. Der Beginn des Anhangs muß mit einer entsprechenden Überschrift kenntlich gemacht werden. Dafür wird auf eine gesonderte Seite in der Mitte das Wort **A N H A N G** in großen Buchstaben und in Sperrschrift geschrieben. Diese Seite ist nicht mit einer Seitenzahl zu versehen, aber dennoch bei der Numerierung des Anhangs mitzuzählen.

Alle Seiten des Anhangs werden in gleicher Weise wie die vorherigen Ausführungen – und diese fortsetzend – durchnumeriert.

Jede Seite des Anhangs muß mit einer seinen Inhalt kennzeichnenden Überschrift und einem Einordnungskennzeichen, der fortlaufenden Anlagenummer, versehen werden. Anlagenummer und Überschrift sind in der Form „Anlage 1: ..." oberhalb der eigentlichen jeweiligen Anlage anzugeben. Jede Anlage sollte auf einer neuen Seite beginnen.

Sind Anlagen aus fremden Quellen entnommen, ist unter der jeweiligen Anlage der Quellennachweis erforderlich.

Im Gegensatz zu den schriftlichen Ausführungen der Arbeit genügt für den Textteil eines Anhangs der einfache Zeilenabstand.

Alle Fußnoten und Abkürzungen im Anhang sind in das entsprechende Literaturverzeichnis und Abkürzungsverzeichnis der Arbeit aufzunehmen. Die Anlagen des Anhangs sind nicht im Abbildungsverzeichnis oder Tabellenverzeichnis der Arbeit zu erfassen, sondern im Anhangverzeichnis.

8.5 Abbildungsverzeichnis

Abbildungen sind Darstellungen wissenschaftlicher oder technischer Art wie Zeichnungen, Pläne, Skizzen, Matrizen, Schaubilder, Diagramme. Sie werden hinsichtlich ihres Inhalts und ihrer Bedeutung für die Themenstellung in den schriftlichen Ausführungen näher erläutert.

Abbildungen befinden sich ausschließlich im Textteil einer Arbeit, während der Anhang die Anlagen enthält.

Jede Abbildung ist mit einer Nummer und einem Titel (Überschrift) zu versehen („Abbildung 1: ..."), die über der Abbildung stehen müssen. Bei Abbildungen, die von fremden Autoren übernommen wurden, erfolgt der **Quellennachweis** unmittelbar unterhalb der Abbildung, also nicht in einer Fußnote. Anmerkungen zu der Abbildung, wie z. B. die Erläuterung von Symbolen, sind unmittelbar unter die Abbildung, jedoch noch über den Quellennachweis zu stellen.

Ein Beispiel für eine Abbildung mit Quellennachweis findet sich auf der folgenden Seite.

Abbildungen, die in abgewandelter Form von einem fremden Autor übernommen sind, müssen ebenfalls einen Quellennachweis erhalten. Der Quellennachweis beginnt dann mit den Worten „In Anlehnung an ...", denen die genaue Quellenbezeichnung folgt.

Ein Beispiel für eine Abbildung mit Quellennachweis, die in abgewandelter Form von einem fremden Autor übernommen ist, findet sich auf der übernächsten Seite.

Wird im Text auf eine Abbildung Bezug genommen, ist die Abbildungsnummer anzugeben.

Formale Gestaltung

Beispiel für den Quellennachweis:

Abbildung 1: Einteilungsschema für die Möglichkeiten der Bestandsaufnahme

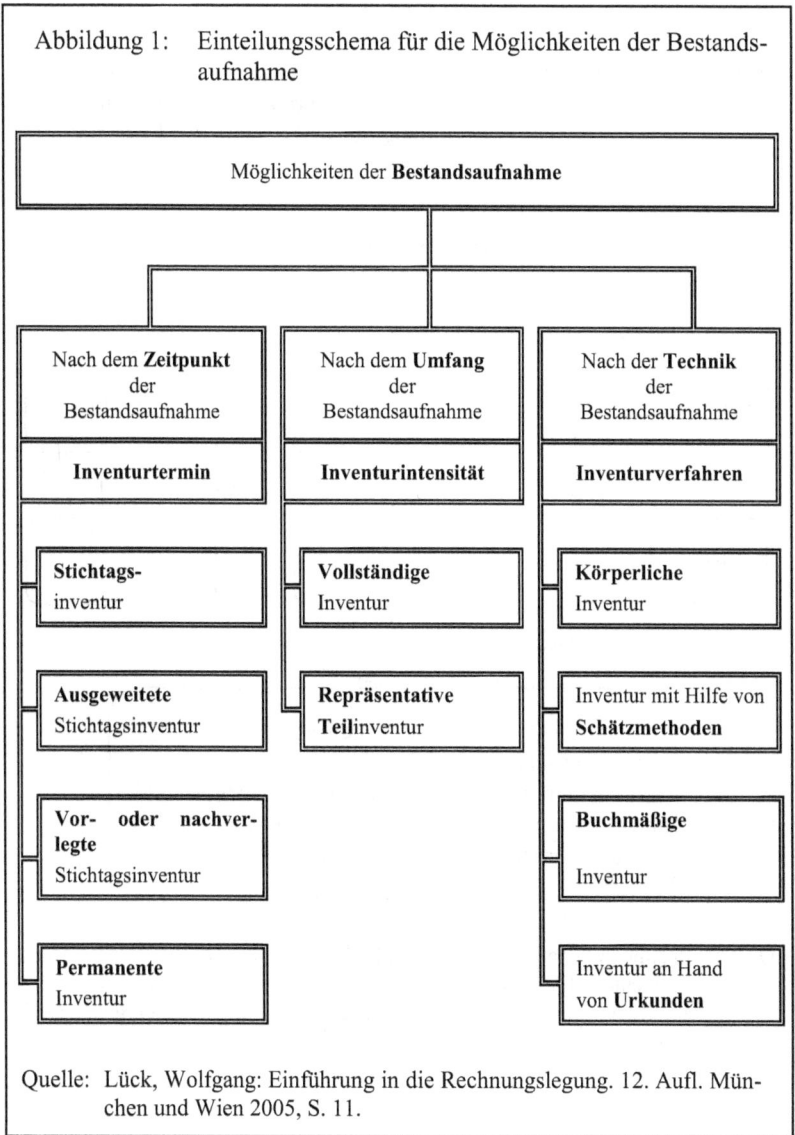

Quelle: Lück, Wolfgang: Einführung in die Rechnungslegung. 12. Aufl. München und Wien 2005, S. 11.

Beispiel für den Quellennachweis einer Abbildung, die in abgewandelter Form von einem fremden Autor übernommen ist:

Abbildung 2: Zusammenhang zwischen den betriebswirtschaftlichen Zielen und dem Einblick in die Vermögens-, Finanz- und Ertragslage als Abbildung der wirtschaftlichen Lage

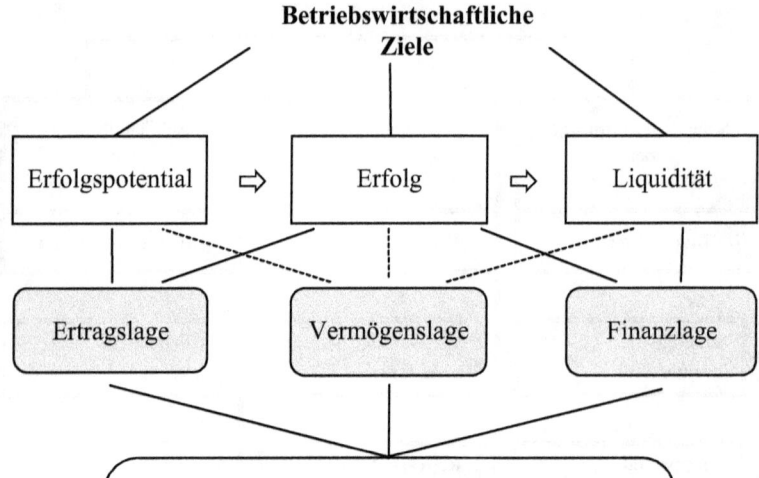

Quelle: In Anlehnung an Coenenberg, Adolf G.: Konzept der Bilanzanalyse und Probleme aufgrund des neuen Bilanzrechts. In: Bilanzanalyse nach neuem Recht. Hrsg. Adolf G. Coenenberg. 2. Aufl. Landsberg am Lech 1990, S. 19.

Abbildungen sind in einem speziellen Verzeichnis aufzuführen.

Das **Abbildungsverzeichnis** enthält drei Angaben:

- Abbildungsnummern.
- Abbildungsüberschriften.
- Seitenzahl, auf der sich die jeweilige Abbildung im Textteil befindet.

Die Abbildungsüberschriften des Verzeichnisses müssen mit denen im Textteil genau übereinstimmen und sollen nicht mit einem Punkt geschlossen werden. Zwischen den einzelnen einzeiligen Abbildungsüberschriften besteht ein 1,5-facher Zeilenabstand.

Ein Abbildungsverzeichnis soll nur Überschriften von echten Abbildungen enthalten, nicht aber z. B. von Tabellen. Die Überschriften von Tabellen sind grundsätzlich in einem gesonderten Verzeichnis zu erfassen (vgl. 8.6 Tabellenverzeichnis).

Das folgende Beispiel für ein Abbildungsverzeichnis verdeutlicht die Struktur und den Aufbau eines solchen Verzeichnisses.

Beispiel für ein Abbildungsverzeichnis:

– XIII –

Abbildungsverzeichnis

Seite

Abbildung 1: Der Begriff der Geschäftsführung aus der
Sicht der Betriebswirtschaftslehre 24

Abbildung 2: Systematisierung des Gegenstands der
Geschäftsführungsprüfung 27

Abbildung 3: Die Prüfungsgegenstände einer erweiterten
Abschlußprüfung und deren Interdependenzen 32

Abbildung 4: Datenbasis für die Erfassung und Beurteilung
der wirtschaftlichen Lage 37

Abbildung 5: Beurteilungsmaßstäbe zur Prüfung der
wirtschaftlichen Lage 45

Abbildung 6: Probleme bei der Prüfung der voraussichtlichen Entwicklung des Unternehmens und der Unternehmensumwelt auf der Grundlage unternehmensinterner Planungsrechnungen und Prognoserechnungen 55

Abbildung 7: Systematisierung der Prüfungsnormen zur
Beurteilung der Ordnungsmäßigkeit der
Geschäftsführung nach ihrer Quelle und
nach ihrem Verbindlichkeitscharakter 73

Abbildung 8: Ansatzpunkte und Methoden der Prüfung der Geschäftsführungstätigkeit 89

Abbildung 9: Beseitigung des Images der Abschlußprüfung
als „gebührenpflichtige Belästigung" 117

Abbildung 10: Motivationswirkungen und Demotivationswirkungen einer erweiterten Abschlußprüfung 119

Abbildung 11: Ansätze zum Abbau der Erwartungslücke 164

Formale Gestaltung

8.6 Tabellenverzeichnis

Tabellen stellen Sachverhalte dar, die nach unterschiedlichen Gesichtspunkten aufgelistet und aufbereitet sind. Alle Tabellen werden fortlaufend numeriert und mit einer Überschrift versehen, die das Anliegen der Tabelle zum Ausdruck bringt. Nummer und Überschrift sind über der Tabelle in der Form „Tabelle 1: ..." anzubringen.

Tabellen befinden sich wie Abbildungen ausschließlich im Textteil der Arbeit.

Waagerechte Reihen heißen Zeilen, senkrechte Reihen heißen Spalten. Auch für die anderen Bestandteile einer Tabelle wurden einheitliche Bezeichnungen vereinbart.

Bestandteile von Tabellen:

Kopf zur Vorspalte / Vorspalte zum Tabellen-Kopf	Tabellenkopf			
V				Zeile
o				
r				
s		Fach		
p				
a				
l				
t				
e	Spalte			

Quelle: Weber, Wolfgang: Einführung in das Studium der Betriebswirtschaftslehre. Ein Leitfaden für Studienplanung und Organisation des wissenschaftlichen Arbeitens. 2. Aufl. Stuttgart 1995, S. 124.

Inhalt der Fächer können quantitative Sachverhalte (Zahlen) oder qualitative Ausprägungen sein. Zur Erläuterung des Tabelleninhalts sind im Textteil nähere Angaben zu machen. Wird im Text auf eine Tabelle unmittelbar Bezug genommen, ist die Tabellennummer zu nennen.

Bei Tabellen, die von fremden Autoren übernommen werden, erfolgt der Quellennachweis unmittelbar nach der Tabelle, also nicht in einer Fußnote. Anmerkungen zu den Tabellen sind unmittelbar unterhalb der Tabelle, jedoch noch oberhalb des Quellennachweises aufzuführen.

Die Tabellen sind in einem speziellen Verzeichnis aufzuführen.

Das **Tabellenverzeichnis** enthält drei Angaben:

- Tabellennummern.
- Tabellenüberschriften.
- Seitenzahl, auf der sich die jeweilige Tabelle im schriftlichen Teil befindet.

Die Tabellenüberschriften des Verzeichnisses müssen mit denen im Textteil genau übereinstimmen. Tabellenüberschriften sind mit einzeiligem Abstand zu schreiben und sollen nicht mit einem Punkt geschlossen werden. Die einzelnen Tabellenüberschriften sind durch 1,5-fachen Zeilenabstand zu trennen.

Das folgende Beispiel für ein Tabellenverzeichnis verdeutlicht die Struktur und den Aufbau eines solchen Verzeichnisses.

Formale Gestaltung 59

Beispiel für ein Tabellenverzeichnis:

– XIV –

Tabellenverzeichnis

Seite

Tabelle 1: Klassifizierung von Schäden nach Schaden(anfall)-
jahrgängen 69

Tabelle 2: Beispieldarstellung einer Abwicklungstreppe 70

Tabelle 3: Abwicklungsmatrix mit bekannten Schadendaten 71

Tabelle 4: Abwicklungsmatrix mit bekannten und
prognostizierten Schadendaten 71

Tabelle 5: Schadenklassifizierung nach dem Schadenmeldejahr 72

Tabelle 6: Stückzahl und Wertdimension einer Größenklassen-
verteilung 74

Tabelle 7: Klassifizierung von Schäden nach dem Abwicklungs-
stand 77

Tabelle 8: Ursprüngliche Fallgruppen 79

Tabelle 9: Abgeleitete Fallgruppen 80

Tabelle 10: Additive Verknüpfung der ursprünglichen Fallgruppen .. 80

Tabelle 11: Abwicklungsmatrix mit Beispieldaten 93

Tabelle 12: Dreiecksmatrizen in der Abwicklungsmatrix 106

Tabelle 13: Beispiel einer tabellarisch dargestellten Schadendatei ... 117

Tabelle 14: Beispiel einer Schadenkennzeichenliste mit
Spartenschlüsseln 121

Tabelle 15: Datensatzbeschreibung der Stammdatei 130

Tabelle 16: Beispielauszug aus einer Stammdatei 131

Tabelle 17: Zwei Beispieldatensätze aus der Analysedatei 135

Tabelle 18: Beispieldatensätze mit zerlegtem CODE-Datenfeld 135

8.7 Abkürzungsverzeichnis

Alle in einer wissenschaftlichen Arbeit verwendeten **Abkürzungen** sind in einem **alphabetisch** zu ordnenden Abkürzungsverzeichnis zu erläutern. Abkürzungen sind im laufenden Text nach Möglichkeit zu vermeiden, um das Lesen der Arbeit zu erleichtern. Anerkannte Abkürzungen lt. Duden wie „etc.", „usw.", „vgl.", „u. a.", „z. B." brauchen nicht in das Abkürzungsverzeichnis übernommen zu werden. Abkürzungen aus Bequemlichkeit (WP, vBP, StB, AP usw.) sind unzulässig.

Abkürzungen von Gesetzen, Verordnungen, Erlassen, Handbüchern, Lexika und Wörterbüchern sind in das Abkürzungsverzeichnis aufzunehmen.

Das Abkürzungsverzeichnis enthält zwei verschiedene Arten von Angaben: In einer linken Spalte die Abkürzungen selbst und in einer rechten Spalte die Bedeutung der einzelnen Abkürzungen.

Die Abkürzungen selbst (linke Spalte) müssen in genau der gleichen Form im Textteil der Arbeit angegeben werden. Bei Abkürzungen, die Institutionen bezeichnen, sollten bei ihrer ersten Verwendung im Text die Funktionen, die diese Institutionen haben, erläutert werden.

Die Abkürzungen und die entsprechenden Abkürzungsbedeutungen werden durch ein Gleichheitszeichen miteinander verbunden.

Zwischen den einzelnen Abkürzungsbedeutungen besteht ein 1,5-facher, zwischen den Zeilen einer mehrzeiligen Abkürzungsbedeutung ein einfacher Zeilenabstand.

Ein Beispiel für ein Abkürzungsverzeichnis findet sich auf der folgenden Seite.

Beispiel eines Abkürzungsverzeichnisses:

– XV –

Abkürzungsverzeichnis

a.a.O.	=	am angegebenen Ort
Abb.	=	Abbildung
AfA	=	Absetzung für Abnutzung
AICPA	=	American Institute of Certified Public Accountants
AO	=	Abgabenordnung
BGH	=	Bundesgerichtshof
Diss.	=	Dissertation
et al.	=	et alii
FASB	=	Financial Accounting Standards Board
GmbH	=	Gesellschaft mit beschränkter Haftung
HGB	=	Handelsgesetzbuch
Hrsg.	=	Herausgeber
i. d. F.	=	in der Fassung
IDW	=	Institut der Wirtschaftsprüfer in Deutschland e. V.
KGaA	=	Kommanditgesellschaft auf Aktien
LStDV	=	Lohnsteuer-Durchführungsverordnung
OHG	=	Offene Handelsgesellschaft
o. J.	=	ohne Jahr(esangabe)
Tz.	=	Textziffer
WPO	=	Wirtschaftsprüferordnung

8.8 Eidesstattliche Versicherung

Diplomarbeiten und Dissertationen müssen Erklärungen enthalten, in denen der Verfasser bestätigt, daß er keine fremde Hilfe in Anspruch genommen hat und daß er die benutzte Literatur auch zitiert hat. Der Text dieser Erklärung ist oft von den Prüfungsordnungen vorgegeben.

Eidesstattliche Versicherung (Mustertext) für Diplomarbeiten

Eidesstattliche Versicherung

Ich versichere eidesstattlich durch eigenhändige Unterschrift, daß ich die Arbeit selbständig und ohne Benutzung anderer als der angegebenen Hilfsmittel angefertigt habe. Alle Stellen, die wörtlich oder sinngemäß aus Veröffentlichungen entnommen sind, habe ich als solche kenntlich gemacht. Ich weiß, daß bei Abgabe einer falschen Versicherung die Prüfung als nicht bestanden zu gelten hat.

_____ _____
Ort, Datum   Unterschrift

Formale Gestaltung

Eidesstattliche Versicherung (Mustertext) für Dissertationen

Erklärung

Ich erkläre an Eides statt, daß ich die der Fakultät für

....

der ABC-Universität zur Promotionsprüfung vorgelegte Arbeit mit dem Titel

....

in ....
(Institut, ..., Abteilung)
unter der Anleitung und Betreuung durch

....

ohne sonstige Hilfe erstellt und bei der Abfassung nur die gemäß § X Abs. Y angegebenen Hilfsmittel benutzt habe.

( ) Ich habe die Dissertation in keinem anderen Prüfungsverfahren als Prüfungsleistung vorgelegt.

( ) Die vollständige Dissertation wurde in .... veröffentlicht. Die Fakultät für .... hat der Vorveröffentlichung zugestimmt.

( ) Ich habe den angestrebten Doktorgrad noch nicht erworben und bin nicht in einem früheren Promotionsverfahren für den angestrebten Doktorgrad endgültig gescheitert.

( ) Ich habe bereits am .... bei der Fakultät für ....
.... der Hochschule ....
unter der Vorlage einer Dissertation mit dem Thema ....
....
die Zulassung zur Promotion beantragt mit dem Ergebnis:
....

Die Promotionsordnung der ABC-Universität ist mir bekannt.

_____

Ort, Datum   Unterschrift

8.9 Lebenslauf

Der **Lebenslauf** steht auf einem gesonderten Blatt ohne Seitenzahl am Ende der Diplomarbeit oder der Dissertation. Er trägt die Überschrift „Lebenslauf", die optisch über dem Textspiegel zentriert wird.

Der Umfang des Lebenslaufes sollte bei 1,5-fachem Zeilenabstand nicht mehr als **eine Seite** betragen.

Der Lebenslauf am Ende einer wissenschaftlichen Arbeit trägt keine Orts- und Datumsangaben und ist weder von Hand noch in Maschinenschrift zu unterzeichnen.

Eine gute Übersicht entsteht durch die tabellarische Form des Lebenslaufes, bei der in **chronologischer Reihenfolge** die wichtigsten Daten bis zur derzeitigen Position aufgelistet werden, also umgekehrt wie in den angelsächsischen Ländern, die den Lebenslauf mit der letzten Position beginnen.

Die Chronologie allein als Ordnungsfaktor ist allerdings nicht sinnvoll:

    1990 Beginn des Studiums
    1994 Abschluß des Studiums als Diplom-Kaufmann
    1995 Firma Müller & Co., Vorstandsassistent

Die Übersichtlichkeit wird verbessert durch **Gruppierung der Daten** nach folgendem Schema:

- Persönliche Daten.

- Ausbildungsdaten.

- Berufspraxis.

Ein unverbindliches Muster für Form und Inhalt eines Lebenslaufes findet sich auf der folgenden Seite.

LEBENSLAUF

Rudi Ratlos

35037 Marburg/Lahn
Universitätsstraße 49

Persönliche Daten

Geburtstag	08. September 1969
Geburtsort	Oldenburg
Eltern	Günter Ratlos, Wirtschaftsprüfer
	Inge Ratlos, geb. Wissen, Hausfrau
Familienstand	verheiratet, 3 Kinder
Staatsangehörigkeit	deutsch
Konfession	römisch-katholisch

Ausbildungsdaten

Schulausbildung	1982 - 1986	Grundschule in Oldenburg
	1986 - 1992	Falk-Schule in Oldenburg
		Abschluß: Mittlere Reife
	1992 - 1995	Abendgymnasium in Oldenburg
		Abschluß: Allgemeine Hochschulreife
Berufsausbildung	1995 - 1997	Banklehre, X-Bank, Münster
		Abschluß: gut
	1997 - 2001	Studium der Wirtschaftswissenschaften an der Philipps-Universität Marburg, Fachgebiet Betriebswirtschaftslehre
		Abschluß: Diplom-Kaufmann, Examensnote: gut

Berufspraxis

	seit 2001	Prüfungsassistent bei der Wirtschaftsprüfungs- und Steuerberatungsgesellschaft XYZ AG in A-Stadt

Sonstiges

Fremdsprachen	Englisch, Französisch
EDV	MS-Office-Programme

9 Formelle Anforderungen an die Zitierweise in wissenschaftlichen Arbeiten

Zitate sind wörtlich (direktes Zitat) oder sinngemäß (indirektes Zitat) übernommene Meinungen, Auffassungen, Gedanken und/oder Ergebnisse anderer Autoren.

9.1 Zitierfähigkeit und Zitierpflicht

Jedes Zitat ist eindeutig zu kennzeichnen. Das richtige Zitieren ist eine Grundvoraussetzung und eine Selbstverständlichkeit des wissenschaftlichen Arbeitens. Verstöße gegen eindeutige Zitierpflichten sind Fälschungen und können den Vorwurf des Plagiats (= Diebstahl geistigen Eigentums ohne Literaturangabe) nach sich ziehen; entsprechende Arbeiten werden mit der Note „mangelhaft" bewertet.

Zitierfähig ist grundsätzlich nur das, was vom Leser **nachvollzogen** und **überprüft** werden kann: Worte, Teilsätze (Passagen) und Sätze aus wissenschaftlich anerkannter Literatur, aber auch Gesetzestexte, Verordnungen, Richtlinien, Kommentare, veröffentlichte Statistiken, Berichte von Verbänden, Banken.

Informationen aus Gesprächen oder Diskussionen sind **nicht zitierfähig**, da sie nicht nachvollzogen werden können.

Das Zitat muß aus der Primärquelle unmittelbar übernommen werden. Sekundärquellen sind nur in begründeten Ausnahmefällen (z. B. bei schwer oder nicht mehr greifbaren Originalquellen) zulässig und müssen in der Fußnote kenntlich gemacht werden („zitiert nach ..." mit Angabe der Sekundärquelle).

Beispiel für ein Zitat aus einer Sekundärquelle:

> 1) Vgl. Committee of Sponsoring Organizations of the Treadway Commission (COSO): Internal Control – Integrated Framework, Framework. Jersy City 1992, p. 29-44, zitiert nach Lück, Wolfgang und Andreas Makowski: Internal Control – COSO-Report; Guidance on Criteria of Control; Internal Financial Control. In: Wirtschaftsprüferkammer-Mitteilungen 1996, S. 158.

9.2 Zitierweise und Fußnoten

Grundsätzlich ist darauf zu achten, daß Zitate keinesfalls sinnentstellend wirken dürfen. Dies gilt bei wörtlichen (direkten) Zitaten für deren Stellung im Text (Vorsicht: Stilbrüche!) und bei sinngemäßen (indirekten) Zitaten insbesondere für deren Inhalt.

9.2.1 Das Zitieren fremden Gedankengutes

Zitate werden durch eine **hochgestellte arabische Zahl**, der unmittelbar eine rechte Klammer folgt, im Text hervorgehoben und durch die Angabe der Quelle in einer Fußnote auf der selben Seite kenntlich gemacht. Die arabischen Zahlen beginnen auf jeder neuen Seite wieder mit der Zahl 1.

Fußnotenzeichen am Satzende werden direkt hinter das Satzzeichen gesetzt. Soll innerhalb eines Satzes auf das Gedankengut eines anderen Autors verwiesen werden, wird das Fußnotenzeichen direkt hinter die übernommene Passage gesetzt.

Beispiel für den Verweis auf einen anderen Autor innerhalb eines Satzes:

> Coenenberg[1] leitet aus der nachhaltigen Existenzsicherung des Unternehmens drei betriebswirtschaftliche Teilziele ab.

Wörtliche Zitate müssen buchstabengetreu und zeichengetreu wiedergegeben werden. Ein wörtliches Zitat sollte nach Möglichkeit nur verwendet werden, wenn der Gedanke oder die Meinung eines anderen Autors besonders prägnant oder originell formuliert wurden.

Längere wörtliche Zitate sollten vermieden werden, weil sie den Leser ermüden. Es empfiehlt sich, unbedingt notwendige längere Zitate etwa durch Einrücken und engeren Zeilenabstand optisch hervorzuheben.

---

1) Vgl. Coenenberg, Adolf G.: Stichwort „Ertragslage". In: Handwörterbuch unbestimmter Rechtsbegriffe im Bilanzrecht des HGB. Hrsg. Ulrich Leffson et al. Köln 1986, S. 156-157.

Anfang und Ende eines wörtlichen Zitats werden durch doppelte Anführungszeichen hervorgehoben. Zitate innerhalb von Zitaten stehen in einfachen Anführungszeichen.

Beispiel eines wörtlichen Zitats:

Originaltext:
Im Bereich der computergestützten Buchführung muß die Forderung „keine Buchung ohne Beleg" umgedeutet werden in „keine Buchung ohne **Belegfunktion**".

Wörtliches Zitat:
„Im Bereich der computergestützten Buchführung muß die Forderung ‚keine Buchung ohne Beleg' umgedeutet werden in ‚keine Buchung ohne **Belegfunktion**'."[1]

Textliche und formelle Abweichungen vom Original sind durch eingeklammerte Zusätze (Beispiele: „Anmerkungen des Verfassers", „im Original gesperrt") kenntlich zu machen.

Beispiel eines wörtlichen Zitats mit Abweichungen vom Original:

Originaltext:
Jede Unzufriedenheit der Öffentlichkeit mindert das Ansehen, den Respekt vor der Professionalität und schwächt die Stellung des Prüfers gegenüber den zu prüfenden Gesellschaften.

Wörtliches Zitat:
„Jede Unzufriedenheit der Öffentlichkeit mindert das Ansehen, den Respekt vor der Professionalität (des Berufsstandes der Wirtschaftsprüfer, Anmerkung des Verfassers) und schwächt die Stellung des Prüfers gegenüber den zu prüfenden Gesellschaften."[2]

---

1) Institut der Wirtschaftsprüfer in Deutschland e. V. (Hrsg.): Wirtschaftsprüfer-Handbuch 1996. Band I. 11. Aufl. Düsseldorf 1996. S. 1351.
2) Erle, Bernd: Der Bestätigungsvermerk des Abschlußprüfers. Düsseldorf 1990, S. 4-5.

Auslassungen werden durch drei Punkte angezeigt.

Beispiel eines wörtlichen Zitats mit Auslassungen:

Originaltext:
Entsorgungsaktivitäten sollten ausgelagert werden, wenn die Entsorgungs-Logistik von externen Unternehmen kompetenter durchgeführt werden kann; sind aber auf das Unternehmen speziell zugeschnittene Entsorgungslösungen mit einer engen Verbindung zum Tagesgeschäft erforderlich, sollten eigene Konzepte entwickelt werden.

Wörtliches Zitat:
„Entsorgungsaktivitäten sollten ausgelagert werden, wenn die Entsorgungs-Logistik von externen Unternehmen kompetenter durchgeführt werden kann; sind aber auf das Unternehmen speziell zugeschnittene Entsorgungslösungen ... erforderlich, sollten eigene Konzepte entwickelt werden."[1]

---

1) Lück, Wolfgang und Thomas Wagner: Entsorgung – Eine Herausforderung an Logistik-Konzeptionen. In: Der Betrieb 1996, S. 2299.

Sinngemäße Zitate erfordern ebenfalls eine eindeutige umfangmäßige Abgrenzung, etwa durch einen einleitenden Satz oder durch den Hinweis „in Anlehnung an ...". In der Fußnote wird die sinngemäße Wiedergabe durch den Zusatz „Vgl." eingeleitet.

Beispiel eines sinngemäßen Zitats:

Originaltext:
Die Lage eines Unternehmens zu einem bestimmten Stichtag wird vielmehr sowohl durch Angaben der Verhältnisse zu diesem Zeitpunkt als auch besonders durch Entwicklungserwartungen charakterisiert.

Sinngemäßes Zitat:
Der Begriff „wirtschaftliche Lage" ist in Anlehnung an Lück[1]) sowohl stichtagsbezogen als auch zukunftsbezogen zu sehen.

Zitate aus einem Text in **fremder Sprache** sind unter Angabe des Übersetzers ins Deutsche zu übertragen. In der Fußnote steht nach der Literaturangabe der Vermerk „Originaltext: ...".

Die Zitierung von **reinen Gesetzestexten** erfolgt nicht als Fußnote, sondern im Text der Ausführungen. Die Zitierung kann z. B. in den Satz eingebaut werden („... nach § 264 HGB ..."), oder sie erscheint in Klammern an der entsprechenden Stelle innerhalb des Satzes („Laut Handelsgesetzbuch (§§ 316-324 HGB)...") oder am Satzende: „Der Jahresabschluß ist nach den Grundsätzen ordnungsmäßiger Buchführung aufzustellen (§ 243 Abs. 1 HGB)."

---

1) Vgl. Lück, Wolfgang: Lagebericht (§ 289 HGB). Rdnr. 37. In: Handbuch der Rechnungslegung. Kommentar zur Bilanzierung und Prüfung. Hrsg. Karlheinz Küting und Claus-Peter Weber. 4. Aufl. Stuttgart 1995.

9.2.2 Die Angabe von Fußnoten

Fußnoten haben im wesentlichen zwei Funktionen: Fußnoten enthalten erstens die Quellenangaben zu den im Text durch hochgestellte Ziffern gekennzeichneten Zitaten; Fußnoten enthalten zweitens Randbemerkungen des Verfassers, die den gedanklichen Ablauf im Text stören könnten.

Randbemerkungen in Fußnoten sollten allerdings nur in Ausnahmefällen verwendet werden, um dem Leser ein notwendiges Hin- und Herspringen zwischen dem Textteil der wissenschaftlichen Arbeit und dem Fußnotenapparat zu ersparen.

Die Fußnoten sind durch einen waagerechten Strich (Länge ca. $^1/_3$ der Breite des Schriftspiegels) vom Textteil zu trennen.

Jede Fußnote muß in voller Länge auf der Seite stehen, zu deren Text das Zitat gehört. Seitenumbrüche innerhalb einer Fußnote sind zu vermeiden.

Die Fußnoten sind – ebenso wie der Textteil der wissenschaftlichen Arbeit – in 12er Schriftgrad, allerdings bei einfachem Zeilenabstand, zu schreiben und für jede Seite gesondert zu numerieren; also auf jeder Seite wieder mit 1 beginnend. **Sie enden mit einem Punkt.**

Beispiel eines Fußnotenapparates:

---

1) Vgl. Lück, Wolfgang und Thomas Wagner: Entsorgung – Eine Herausforderung an Logistik-Konzeptionen. In: Der Betrieb 1996, S. 2296.
2) Vgl. Semler, Johannes: Unternehmensüberwachung durch den Kapitalmarkt. In: Corporate Governance – Unternehmens-überwachung auf dem Prüfstand. Hrsg. Arnold Picot. Stuttgart 1995, S. 33-34.
3) Vgl. Lück, Wolfgang und Jörg Hunecke: Zur Warnfunktion des Abschlußprüfers. In: Der Betrieb 1996, S. 1.
4) Vgl. Lück, Wolfgang: Die Bewertung von Rückstellungen für drohende Verluste aus schwebenden Geschäften bei langfristiger Fertigung. In: Der Betrieb 1996, S. 1738-1739.

Zitierweise

Wenn in unmittelbar aufeinanderfolgenden Zitaten auf der selben Seite die selbe Quelle verwendet wird, kann die Quellenangabe in der Fußnote auf die Abkürzung „**Ebenda**, S. 15" bei einem direkten Zitat oder „**Vgl. ebenda**, S. 15" bei einem indirekten Zitat mit Seitenangabe des Zitats beschränkt werden.

Beispiel für die Verwendung von „Ebenda":

> 1) Vgl. Gmelin, Hans J. und Eberhard Weber: Neue Prüfungsaufgaben des Abschlußprüfers aufgrund der Erweiterung seiner Berichterstattungs- und Testatspflichten durch das HGB? In: Betriebswirtschaftliche Forschung und Praxis 1988, S. 306.
> 2) Ebenda, S. 308.

Wird das Werk eines Autors auf einer Seite mehrfach, aber nicht aufeinanderfolgend zitiert, genügen Vgl. (bei einem nicht wörtlichen Zitat), Name, Vorname, der Zusatz „**a.a.O.**" und die Seitenangabe.

Beispiel für die Verwendung von „a.a.O.":

> 1) Vgl. Lück, Wolfgang und Andreas Makowski: Internal Control – COSO-Report; Guidance on Criteria of Control; Internal Financial Control. In: Wirtschaftsprüferkammer-Mitteilungen 1996, S. 158.
> 2) Vgl. Gregersen, Jürgen: Einsparungspotentiale bei Konsolidierung und Outsourcing. In: Outsourcing – Eine strategische Allianz besonderen Typs. Hrsg. Wilfried Köhler-Frost. Berlin 1995, S. 74.
> 3) Vgl. Lück, Wolfgang und Andreas Makowski: a.a.O., S. 159.

Verweisungsabkürzungen wie z. B. „dto.", „eodem", „ebd.", „ders." u. a. sind **nicht zulässig**.

Erstreckt sich ein Zitat aus einem zitierten Werk über mehr als eine Seite, müssen die entsprechenden Seiten angegeben werden, z. B. „S. 19-21". Die Bezeichnungen „f." oder „ff." sind nicht zulässig.

Ein Zitat aus einem Werk auf mehreren nicht aufeinander folgenden Seiten wird wie folgt belegt: „S. 19 und 24"; „S. 17, 20 und 35".

9.3 Zitierverfahren (Vollbeleg und Kurzbeleg)

Es können generell zwei Verfahren bei den zahlreichen Möglichkeiten der Fußnotentechnik unterschieden werden:

(1) ausführliche Zitierweise (= **Vollbeleg**), die bei Seminararbeiten und Diplomarbeiten zwingend anzuwenden ist und bei Dissertationen angewendet werden sollte,

(2) verkürzte Zitierweise (= **Kurzbeleg**), die bei Dissertationen nur in Ausnahmefällen und nur nach Abstimmung mit dem betreuenden Professor angewendet werden kann.

Vollbeleg:

Wird im Falle des Vollbelegs auf eine Quelle Bezug genommen, müssen die Angaben vollständig sein; die exakte Seitenzahl ist zu nennen.

Beispiel einer ausführlichen Zitierweise (= Vollbeleg):

---

1) Vgl. Biener, Herbert: Die Erwartungslücke – eine endlose Geschichte. In: Internationale Wirtschaftsprüfung. Festschrift für Hans Havermann. Hrsg. Josef Lanfermann. Düsseldorf 1995, S. 40-41.

2) Vgl. Lück, Wolfgang: Audit Committee – Eine Einrichtung zur Effizienzsteigerung betriebswirtschaftlicher Überwachungssysteme. In: Zeitschrift für betriebswirtschaftliche Forschung 1990, S. 1000.

3) Vgl. Arbeitskreis „Externe und Interne Überwachung der Unternehmung" der Schmalenbach-Gesellschaft/Deutsche Gesellschaft für Betriebswirtschaft e. V.: Grundsätze ordnungsmäßiger Aufsichtsratstätigkeit – ein Diskussionspapier. In: Der Betrieb 1995, S. 3.

4) Vgl. Lück, Wolfgang: Stichwort „Kontrolle und Prüfungswesen". In: Handbuch Unternehmungsführung. Konzepte – Instrumente – Schnittstellen. Hrsg. Hans Corsten und Michael Reiß. Wiesbaden 1995, S. 311-312.

Eine Abkürzung mit „a.a.O." bei wiederholter Zitierung ist wegen der unnötigen Sucharbeit des Lesers und eventuell entstehender Mehrdeutigkeit nicht erwünscht. Ausnahme: Ein Autor wird auf einer Seite mehrmals, aber nicht aufeinanderfolgend zitiert.

Werden bei dieser Zitierweise jedoch mehrere Werke des Autors auf einer Seite zitiert, ist eine gleichbleibende Kurzkennzeichnung der gemeinten Veröffentlichung erforderlich, zu der der Hinweis „a.a.O." hinzugefügt wird. Diese Kurzkennzeichnung ist in der ersten Quellenangabe auf der betreffenden Seite zu nennen.

Beispiel für die Verwendung von gleichbleibenden Kurzkennzeichnungen:

1) Vgl. Heintges, Sebastian: Bilanzkultur und Bilanzpolitik in den USA und in Deutschland. Einflüsse auf die Bilanzpolitik börsennotierter Unternehmen. Band 1 der Schriftenreihe Rechnungslegung – Steuern – Prüfung. Hrsg. Wolfgang Lück. Sternenfels und Berlin 1996, S. 124-125.
2) Vgl. ebenda, S. 40.
3) Ebenda, S. 42.
4) Vgl. Lück, Wolfgang (Rechnungslegung): Rechnungslegung nach Handels- und Steuerrecht. 13. Aufl. Karlsruhe 2005, S. 170-173.
5) Lück, Wolfgang (Interne Revision): Neuere Entwicklungen auf dem Gebiet der Internen Revision – auch von Interesse für den Wirtschaftsprüfer? In: Wirtschaftsprüferkammer-Mitteilungen 1995, S. 195.
6) Vgl. Lück, Wolfgang: Rechnungslegung. a.a.O., S. 236.
7) Vgl. Lück, Wolfgang: Interne Revision. a.a.O., S. 205.
8) Vgl. Heintges, Sebastian: a.a.O., S. 151.
9) Vgl. ebenda, S. 152.

Kurzbeleg, in Ausnahmefällen bei Dissertationen:

Um den Fußnotenapparat klein zu halten, wird in jüngster Zeit zunehmend eine Zitierweise verwendet, bei der auf das Literaturverzeichnis Bezug genommen wird. Diese Zitierweise sollte mit dem Doktorvater abgestimmt werden. Durch Angabe des Verfassers sowie des Erscheinungsjahres des betreffenden Buches oder Aufsatzes ist es dem Leser möglich, die Quelle dem Literaturverzeichnis zu entnehmen.

Jeder Autor muß also entscheiden, ob er dem Leser das Blättern im Literaturverzeichnis zumuten will!

Werden mehrere Beiträge eines Autors zitiert, die während eines Jahres erschienen sind, muß neben der Jahreszahl ein weiteres Unterscheidungsmerkmal zur exakten Quellenbestimmung angeführt werden. Die Veröffentlichungen des Autors sind dann im Literaturverzeichnis entsprechend zu kennzeichnen.

Beispiel einer verkürzten Zitierweise (= Kurzbeleg):

1) Vgl. Wöhe (2002), S. 34-35.
2) Vgl. Lück (1995a), S. 196.
3) Vgl. Lück (1995b), S. 310.

Die im **Kurzbeleg** verwendete Quellenbezeichnung wird ins **Literaturverzeichnis** übernommen.

Wöhe, Günter (2002): Einführung in die Allgemeine Betriebswirtschaftslehre. 21. Aufl. München 2000.

Lück, Wolfgang (1995a): Neuere Entwicklungen auf dem Gebiet der Internen Revision – auch von Interesse für den Wirtschaftsprüfer? In: Wirtschaftsprüferkammer-Mitteilungen 1995, S. 195-205.

Lück, Wolfgang (1995b): Stichwort „Kontrolle und Prüfungswesen". In: Handbuch Unternehmensführung. Hrsg. Hans Corsten und Michael Reiß. Wiesbaden 1995, S. 303-315.

Eine zusätzliche Kopie des Literaturverzeichnisses sollte den Exemplaren der Arbeit für die Gutachter bei Anwendung dieser Kurzzitierweise beigefügt werden, um die Durchsicht und Korrektur der Arbeit zu erleichtern.

9.4 Zitierbeispiele

Die folgenden Beispiele verdeutlichen den formellen Aufbau von Zitaten. Die Beachtung der angegebenen Zitierregeln und der Vorgaben für den Aufbau von Zitaten erleichtern dem Leser wissenschaftlicher Arbeiten das Nachvollziehen des übernommenen Gedankengutes.

9.4.1 Aufbau von Zitaten

Der **Familienname** und der nachfolgende **Vorname** des Autors sind durch ein Komma getrennt.

Der erste **Vorname** des Verfassers ist grundsätzlich auszuschreiben. Alle weiteren Vornamen werden abgekürzt. Unmittelbar hinter dem letzten Vornamen steht ein Doppelpunkt, dem immer ein Leeranschlag folgt.

Beispiel:

> Coenenberg, Adolf G.: Jahresabschluß und Jahresabschlußanalyse. 18. Aufl. Landsberg am Lech 2001.

Sofern der Vorname des Verfassers in der benutzten Quelle nicht genannt wird (und kennt der Zitierende diesen auch nicht), sind nach dem Familiennamen – in Klammern – die Worte „**(ohne Vornamen)**" zu setzen.

Beispiel:

> Ratlos, (ohne Vornamen): Das Studium der Betriebswirtschaftslehre. Berlin 1994.

Trägt eine zitierfähige Quelle überhaupt **keine Namensangabe**, wird dies vor der Titelangabe durch die Initialen „**o. V.**" (= ohne Verfasserangabe) kenntlich gemacht. Werden im Literaturverzeichnis mehrere solcher Quellen ohne Namensangabe aufgeführt, bestimmt sich deren Reihenfolge nach dem ersten Substantiv des betreffenden Titels.

Beispiel:

> o. V.: Bilanzskandale schwappen nach Europa über. In: Frankfurter Allgemeine Zeitung vom 25.02.2003, S. 11.

Bei **zwei Autoren** sind Familiennamen und Vornamen beider Autoren anzugeben. Bei dem nachfolgenden Mitautor wird erst der Vorname und dann der Familienname (ohne Komma) genannt; zwischen den Namen der einzelnen Mitverfasser steht das Wort „und".

Beispiel:

> Küting, Karlheinz und Claus-Peter Weber (Hrsg.): Handbuch der Rechnungslegung. Kommentar zur Bilanzierung und Prüfung. 4. Aufl. Stuttgart 1995.

Bei **mehr als zwei Autoren** kann nur der Name und Vorname des ersten Autors unter Hinzufügung der Abkürzung „et al." (= et alii) angegeben werden.

Beispiel:

> Rehkugler, Heinz et al.: Anlageverhalten der privaten Haushalte international. In: Die Bank 1993, S. 316-323.

Doppelnamen sind mit einem Bindestrich (nicht Gleichheitszeichen) zu verbinden.

Beispiel:

> Weber-Braun, Elke: Organisation des Konzernabschlusses. In: Handbuch der Konzernrechnungslegung. Kommentar zur Bilanzierung und Prüfung. Hrsg. Karlheinz Küting und Claus-Peter Weber. Stuttgart 1989, Rdnr. 1158-1357.

Bei einer Publikation mit **mehreren Auflagen** ist in der Regel die neueste Auflage durch Angabe der entsprechenden Auflagenzahl in arabischen Zahlen zu zitieren. Das Wort „Auflage" wird durch „Aufl." abgekürzt. Nähere Angaben, wie „erweiterte" oder „verbesserte" Auflage, sind überflüssig.

Beispiel:

> Lück, Wolfgang: Rechnungslegung nach Handels- und Steuerrecht. 13. Aufl. Karlsruhe 2005.

Der **Herausgeber** einer Publikation wird durch die Abkürzung „(Hrsg.)" kenntlich gemacht. Die Abkürzung „(Hrsg.)" erscheint direkt hinter dem Namen.

Beispiel:

> Lück, Wolfgang und Volker Trommsdorff (Hrsg.): Internationalisierung der Unternehmung als Problem der Betriebswirtschaftslehre. Berlin 1982.

Bei **Artikeln und Abhandlungen aus einem Herausgeberwerk** werden nach dem Verfasser des Artikels und der Artikelüberschrift auch der Titel des Gesamtwerkes und der Vor- und Familienname des Herausgebers, genau in dieser Reihenfolge, genannt.

Beispiele:

> Hübl, Lothar: Probleme, Potentiale, Perspektiven für die deutsche Wirtschaft und den Mittelstand. In: Band 2 der Schriftenreihe des Universitäts-Forums für Rechnungslegung, Steuern und Prüfung. Hrsg. Wolfgang Lück. Marburg 1993, S. 1-23.
>
> Lück, Wolfgang: Mittelstand als Motor der Wirtschaft. In: Band 2 der Schriftenreihe des Universitäts-Forums für Rechnungslegung, Steuern und Prüfung. Hrsg. Wolfgang Lück. Marburg 1993, S. 25-54.

Bei Zitaten aus **angelsächsischer Literatur** ist es üblich, zusätzlich den Namen des Verlags vor dem Erscheinungsort zu nennen.

Beispiel:

> Smith, Terry: Accounting for Growth – Stripping the Camouflage from Company Accounts. Century Business. 2. ed. London 1996, p. 76.

Sind in einer Veröffentlichung **zwei oder drei Erscheinungsorte** genannt, sind alle Orte aufzuführen. Bei zwei Erscheinungsorten ist zwischen dem ersten und dem zweiten Erscheinungsort das Verbindungswort „und" anzugeben. Bei drei Erscheinungsorten ist zwischen dem ersten und zweiten Erscheinungsort ein Komma und zwischen dem zweiten und dritten Ort das Verbindungswort „und" zu setzen.

Beispiel:

> Gutenberg, Erich: Grundlagen der Betriebswirtschaftslehre. Band 1. Die Produktion. 24. Aufl. Berlin, Heidelberg und New York 1983.

Bei **mehr als drei Erscheinungsorten** ist nur der erste Ort unter Hinzufügung der Abkürzung „usw." zu nennen.

Beispiel:

> Szagunn, Volkhard: Gesetz über das Kreditwesen. Kommentar. 6. Aufl. Stuttgart usw. 1997.

Sind der Ort oder das Erscheinungsjahr einer Veröffentlichung nicht zu ermitteln, wird „**o. O.**" (= ohne Ort) oder „**o. J.**" (= ohne Jahr) angegeben.

Beispiele:

> Bayerische Landesanstalt für Aufbaufinanzierung (Hrsg.): Bayerische Finanzierungshilfen für die gewerbliche Wirtschaft. o. O. 1995.
>
> Deutsche Bank AG (Hrsg.): Gemeinsam zum Erfolg. Frankfurt o. J.

Jede Literaturangabe ist mit einem Punkt zu schließen.

9.4.2 Zitate aus verschiedenen Publikationen

(1) Bücher

- Vgl. (bei einem nicht wörtlichen Zitat),
- Name, Vorname,
- Titel des Buches, ggf. Untertitel,
- evtl. Schriftenreihe (Bandzahl, Name der Reihe, Herausgeber),
- evtl. Auflage („Aufl."),
- evtl. Name des Verlags (bei angelsächsischer Literatur),
- Erscheinungsort(e),
- Erscheinungsjahr,
- Seiten („S. ...") oder Spalten („Sp. ...").

Beispiele:

1) Vgl. Siebert, Hilmar: EDV und Jahresabschlußprüfung. Möglichkeiten und Grenzen des Einsatzes der EDV im Rahmen der Jahresabschlußprüfung – Funktionale und institutionelle Aspekte. Band 8 der Schriftenreihe des Marburger Treuhandseminars. Hrsg. Wolfgang Lück. Marburg 1993, S. 48.
2) Vgl. Reilly, Robert T.: Public relations in action. Prentice-Hall, Inc. Englewood Cliffs 1981.
3) Vgl. Lange, Christoph: Jahresabschlußinformationen und Unternehmensbeurteilung. Stuttgart 1989.
4) Vgl. Jung, Astrid: Erweiterung der Abschlußprüfung von Kapitalgesellschaften. Eine Diskussion über die Prüfung der wirtschaftlichen Lage und über die Prüfung der Ordnungsmäßigkeit der Geschäftsführung. Band 2 der Schriftenreihe Rechnungslegung – Steuern – Prüfung. Hrsg. Wolfgang Lück. Sternenfels und Berlin 1996, S. 113.
5) Vgl. Lück, Wolfgang: Rechnungslegung nach Handels- und Steuerrecht. 13. Aufl. Karlsruhe 2005, S. 358-360 und 382.

(2) Beiträge in Sammelwerken

- Vgl. (bei einem nicht wörtlichen Zitat),
- Name, Vorname des Verfassers des Artikels,
- Titel des Artikels, ggf. Untertitel,
- Wort „In:",
- Titel des Sammelwerkes,
- evtl. Band oder Heft,
- evtl. „Festschrift für" und Name desjenigen, dem die Festschrift gewidmet ist (wenn es sich bei dem Sammelwerk um eine Festschrift handelt),
- Herausgebervermerk („Hrsg."), Vorname, Familienname,
- Erscheinungsort(e) des Sammelwerkes,
- Erscheinungsjahr des Sammelwerkes,
- Seiten („S. ...") oder Spalten („Sp. ...").

Beispiele:

1) Vgl. Biener, Herbert: Die Erwartungslücke – eine endlose Geschichte. In: Internationale Wirtschaftsprüfung. Festschrift für Hans Havermann. Hrsg. Josef Lanfermann. Düsseldorf 1995, S. 37-63.
2) Vgl. Hübl, Lothar: Gesamtwirtschaftliche Rahmenbedingungen für das Marketing der deutschen Brauwirtschaft in den 80er und 90er Jahren. In: Marketing. Band 3 der Schriftenreihe der betriebswirtschaftlichen Abteilung der Versuchs- und Lehranstalt für Brauerei in Berlin (VLB). Hrsg. Wolfgang Lück. Berlin 1982, S. 9.
3) Vgl. Hense, Burkhard: Der Prüfungsbericht hat zu viele Empfänger – auch ein Beitrag zur besseren Zusammenarbeit von Aufsichtsrat und Abschlußprüfer. In: Rechenschaftslegung im Wandel. Festschrift für Wolfgang Dieter Budde. Hrsg. Gerhard Förschle et al. München 1995, S. 287-311.
4) Vgl. Weber, Claus-Peter: Wachsende Aufgaben, wachsende Anforderungen an den Wirtschaftsprüfer. In: Rechnungslegung und Prüfung – Perspektiven für die neunziger Jahre. Hrsg. Jörg Baetge. Düsseldorf 1993, S. 145-156.

(3) Zeitschriftenaufsätze

- Vgl. (bei einem nicht wörtlichen Zitat),
- Name, Vorname des Verfassers des Aufsatzes,
- Titel des Aufsatzes,
- Wort „In:",
- Name der Zeitschrift (für die Zeitschriftentitel sollen **keine Abkürzungen** verwendet werden),
- „Vol. ..." (Band), „No. ..." (Heftnummer) und Erscheinungsmonat oder anderer genauerer Erscheinungstermin bei angelsächsischer Literatur,
- Erscheinungsjahr,
- evtl. „Band", „Heft" oder „Nr." (nur dann, wenn bei Zeitschriften die Seiten während eines Jahrgangs nicht fortlaufend numeriert werden),
- evtl. „Ergänzungsheft Nr.", „Sonderheft Nr." oder „Beilage Nr.",
- Seiten („S. ...") oder Spalten („Sp. ...").

Beispiele:

1) Vgl. Lück, Wolfgang und Jörg Hunecke: Zur Warnfunktion des Abschlußprüfers. In: Der Betrieb 1996, S. 1-2.
2) Vgl. Healy, Paul M. and Kristina G. Palepu: The Effect of Firms' Financial Disclosure Strategies on Stock Prices. In: Accounting Horizons. Vol. 7 No. 1, March 1993, p. 5.
3) Vgl. Lück, Wolfgang und H. Peter Holzer: Die Krise des wirtschaftsprüfenden Berufsstands in den USA. In: Der Betrieb 1993, S. 242.
4) Vgl. Barrett, Michael J.: Should SAS No. 9 Be Revised? In: Internal Auditing. Vol. 5 No. 4, Spring 1990, p. 62.
5) Vgl. Lück, Wolfgang und Claus Freiling: Zusammenarbeit von Abschlußprüfer und Interner Revision. In: Zeitschrift Interne Revision 1992, S. 274.
6) Vgl. Beisse, Heinrich: Wirtschaftsprüfer und vereidigte Buchprüfer als Vertreter vor Steuergerichten – Leitfaden für Steuerprozesse. In: Wirtschaftsprüferkammer-Mitteilungen 1995. Sonderheft, S. 30-37.

(4) Dissertationen

- Vgl. (bei einem nicht wörtlichen Zitat),
- Name, Vorname,
- Titel der Dissertation,
- Abkürzung „Diss.",
- Promotionsort,
- Promotionsjahr,
- Seiten („S. ...") oder Spalten („Sp. ...").

Beispiele:

1) Vgl. Jung, Astrid: Die Notwendigkeit einer Erweiterung der Abschlußprüfung von Kapitalgesellschaften um die Prüfung der wirtschaftlichen Lage und um die Prüfung der Ordnungsmäßigkeit der Geschäftsführung. Diss. Marburg 1995, S. 213.
2) Vgl. Siebert, Hilmar: EDV und Jahresabschlußprüfung. Möglichkeiten und Grenzen des Einsatzes der EDV im Rahmen der Jahresabschlußprüfung – Funktionale und institutionelle Aspekte. Diss. Marburg 1993, S. 133.

Ist die Dissertation **veröffentlicht** worden und gegebenenfalls als Band einer Schriftenreihe erschienen, kann auch diese Veröffentlichung zitiert werden. Die Zitierweise ist in diesem Fall entsprechend derjenigen für Bücher anzuwenden.

Beispiel zur Zitierweise veröffentlichter Dissertationen:

1) Vgl. Jung, Astrid: Erweiterung der Abschlußprüfung von Kapitalgesellschaften. Eine Diskussion über die Prüfung der wirtschaftlichen Lage und über die Prüfung der Ordnungsmäßigkeit der Geschäftsführung. Band 2 der Schriftenreihe Rechnungslegung – Steuern – Prüfung. Hrsg. Wolfgang Lück. Sternenfels und Berlin 1996, S. 213.

Beide Zitierweisen sind korrekt und zulässig, dürfen aber nicht vermischt werden (z. B. muß der Promotionsort nicht mit dem Erscheinungsort übereinstimmen).

(5) Handbücher, Handwörterbücher und Lexika

- Vgl. (bei einem nicht wörtlichen Zitat),
- Name, Vorname des Verfassers des zitierten Artikels,
- evtl. Titel des Artikels – in An- und Ausführungszeichen, eingeleitet durch „Stichwort",
- Wort „In:",
- Titel des Handbuchs, Handwörterbuchs oder Lexikons,
- evtl. Band,
- evtl. Herausgebervermerk (Worte „Hrsg." Vorname und Familienname des Herausgebers),
- evtl. Auflage („Aufl."),
- Erscheinungsort(e),
- Erscheinungsjahr,
- Seiten („S. ...") oder Spalten („Sp. ...").

Beispiele:

1) Vgl. Küting, Karlheinz: Stichwort „Monopolkommission". In: Lexikon der Betriebswirtschaft. Hrsg. Wolfgang Lück. 5. Aufl. Landsberg am Lech 1993, S. 859.
2) Vgl. Lück, Wolfgang und Christopher Jahns: Stichwort „Controlling". In: Lexikon der Rechnungslegung und Abschlußprüfung. Hrsg. Wolfgang Lück. 4. Aufl. München und Wien 1998, S. 165-166.
3) Vgl. Reichwald, Ralf: Stichwort „Kommunikation und Kommunikationsmodelle". In: Handwörterbuch der Betriebswirtschaft. Band 2. Hrsg. Waldemar Wittmann et al. 5. Aufl. Stuttgart 1993, Sp. 2178-2179.
4) Vgl. Institut der Wirtschaftsprüfer in Deutschland e. V. (Hrsg.): Wirtschaftsprüfer-Handbuch 2000. Band I. 12. Aufl. Düsseldorf 2000, S. 833.
5) Vgl. Wollmert, Peter: Stichwort „Rechtsformen". In: Lexikon der Internen Revision. Hrsg. Wolfgang Lück. München und Wien 2001, S. 261.

(6) Kommentare

Kommentare sind häufig Gemeinschaftsarbeiten zahlreicher Autoren, wobei sich nicht immer feststellen läßt, welcher Autor welchen Teil des Kommentars bearbeitet hat. In diesem Fall empfiehlt sich folgende Zitierweise:

- Vgl. (bei einem nicht wörtlichen Zitat),
- Namen der Herausgeber (ohne Vornamen, Familiennamen mit Bindestrich),
- Titel des Kommentars,
- evtl. Zusatz des Wortes „Kommentar" (immer wenn dieses Wort nicht bereits schon im Haupttitel enthalten ist),
- evtl. Band,
- evtl. Lieferung oder „Stand ..." bei Loseblattsammlungen,
- evtl. Auflage („Aufl."),
- Erscheinungsort(e),
- Erscheinungsjahr,
- Paragraph („§ ..."),
- Seiten („S. ..."), Spalten („Sp. ..."), Textziffern („Tz. ..."), Randnummern („Rdnr. ...", „Rn. ...", „RdNr. ..."), Anmerkungen („Anm. ...") u. ä.

Beispiele:

1) Vgl. Adler-Düring-Schmaltz: Rechnungslegung und Prüfung der Unternehmen. Kommentar. Band 1. 6. Aufl. Stuttgart 1995, § 252 HGB, Tz. 118.
2) Vgl. Herrmann-Heuer-Raupach: Einkommensteuer- und Körperschaftsteuergesetz. Kommentar. Band 7. Stand Juni 2001. 21. Aufl. Köln 1996, § 18 EStG, Anm. 36.

Ist der Bearbeiter zitierter Kommentarstellen bekannt, muß er genannt werden. Dabei ist zu beachten, daß der Bearbeiter bei einer späteren Auflage ein anderer sein kann als der Begründer oder der Verfasser der ersten Auflage. Ist innerhalb eines Kommentars ein Paragraph von mehreren Autoren bearbeitet worden und ist ersichtlich, welcher Autor für welche Teilbereiche verantwortlich ist, ist nur der Name des Bearbeiters zu zitieren.

Alle Autoren sind im Literaturverzeichnis zu vermerken.

- Vgl. (bei einem nicht wörtlichen Zitat),
- Name, Vorname des Bearbeiters,
- genaue Bezeichnung der zitierten Stelle, z. B. Paragraph („§ ..."), Seiten („S. ..."), Spalten („Sp. ..."), Textziffern („Tz. ..."), Randnummern („Rdnr. ...", „Rn. ...", „RdNr. ..."), Anmerkung („Anm. ...") u. ä.,
- Wort „In:",
- Haupttitel des Kommentars,
- evtl. Zusatz des Wortes „Kommentar" (immer wenn dieses Wort nicht bereits im Haupttitel enthalten ist),
- evtl. Herausgebervermerk,
- evtl. Band,
- evtl. Lieferung oder „Stand ..." bei Loseblattsammlungen,
- evtl. Auflage („Aufl."),
- Erscheinungsort(e),
- Erscheinungsjahr.

Beispiele:

1) Vgl. Budde, Wolfgang D. und Klaus P. Karig: Pflicht zur Aufstellung (§ 264 HGB). Anm. 24. In: Beck'scher Bilanz-Kommentar. Hrsg. Wolfgang D. Budde et al. 4. Aufl. München 1999.
2) Vgl. Lück, Wolfgang: Lagebericht (§ 289 HGB). Rdnr. 9. In: Handbuch der Rechnungslegung. Kommentar zur Bilanzierung und Prüfung. Hrsg. Karlheinz Küting und Claus-Peter Weber. 4. Aufl. Stuttgart 1995.

(7) Gerichtsentscheidungen

- Gericht oder Behörde (mit den üblichen Abkürzungen, z. B. BGH = Bundesgerichtshof, BFH = Bundesfinanzhof, LAG = Landesarbeitsgericht; die Abkürzungen sind in das Abkürzungsverzeichnis aufzunehmen),
- Aktenzeichen,
- Datum der Entscheidung („vom ..."),
- Wort „In:",
- Fundort (mit den üblichen Abkürzungen, z. B. BStBl. = Bundessteuerblatt, StuW = Steuer und Wirtschaft usw.; die Abkürzungen sind in das Abkürzungsverzeichnis aufzunehmen),
- Erscheinungsjahr,
- Seiten („S. ...") oder Spalten („Sp. ...").

Beispiele:

1) BFH-Urteil I 95/56 U vom 4.9.1956. In: BStBl. III, 1956, S. 332.
2) BFH-Urteil II 48/63 vom 27.4.1966. In: Amtliche Sammlung der Entscheidungen des Bundesgerichtshofes. Band 86, 1966, S. 169.
3) Erlaß Finanzminister Bayern S 2219-24-V 2 vom 18.6.1977. In: BStBl. II, 1977, S. 66.

Wenn mehrere Literaturquellen (von verschiedenen Autoren) in einer Fußnote zitiert werden, dann werden die einzelnen Literaturangaben durch ein Semikolon voneinander getrennt.

Beispiele für die Angabe mehrerer Literaturquellen in einer Fußnote:

1) Vgl. Lück, Wolfgang: Einführung in die Rechnungslegung. 12. Aufl. München und Wien 2005, S. 54; Adler-Düring-Schmaltz: Rechnungslegung und Prüfung der Unternehmen. Kommentar. Band 1. 6. Aufl. Stuttgart 1995, § 255 HGB, Tz. 118.
2) Vgl. Arbeitskreis „Externe und interne Überwachung der Unternehmung" der Schmalenbach-Gesellschaft/Deutsche Gesellschaft für Betriebswirtschaft e. V.: Grundsätze ordnungsmäßiger Aufsichtsratstätigkeit – ein Diskussionspapier. In: Der Betrieb 1995, S. 1-4; Lück, Wolfgang: Rechnungslegung im Konzern. Stuttgart 1994, S. 59-61.

10 Literaturverzeichnis

In das Literaturverzeichnis sind nur solche Titel aufzunehmen, die auch tatsächlich im Ausführungsteil der Arbeit zitiert werden.

Die Titel werden **alphabetisch** nach dem Familiennamen des Verfassers (bei mehreren Autoren: des ersten Verfassers) eingeordnet. Mehrere Publikationen eines Autors werden **chronologisch** aufgenommen: die Titel eines Autors werden nach zunehmender Aktualität der Beiträge sortiert.

Die Sortierung der Beiträge eines Autors bedarf einer genaueren Beschreibung, wenn Autoren zum einen Beiträge alleine veröffentlicht haben und zum anderen Beiträge zusammen mit **Co-Autoren** veröffentlicht haben.

Die Publikationen, die der Autor als alleiniger Verfasser veröffentlicht hat, werden zuerst in chronologischer Reihenfolge in das Literaturverzeichnis aufgenommen. Die Publikationen, die der Autor zusammen mit anderen Autoren veröffentlicht hat, werden danach in alphabetischer Reihenfolge nach den Namen der Co-Autoren eingeordnet. Werden mehrere Titel einer Autorengruppe (Autor und Co-Autor) in das Literaturverzeichnis aufgenommen, sind diese Titel in chronologischer Reihenfolge aufzuführen.

Wenn in der Arbeit Beiträge aus **Sammelwerken, Handbüchern, Handwörterbüchern** und **Lexika** oder **Kommentaren** zitiert werden, sind neben den Beiträgen auch die Sammelwerke, Handbücher, Handwörterbücher und Lexika oder Kommentare in das Literaturverzeichnis aufzunehmen.

Bei Zeitschriften und Sammelwerken, Handbüchern, Handwörterbüchern und Lexika oder Kommentaren müssen auch die Seitenzahlen oder Spaltennummern des gesamten Beitrags angegeben werden.

Besteht eine Literaturangabe aus mehr als einer Zeile, werden alle folgenden Zeilen bündig nach rechts etwa 1 cm eingerückt.

Innerhalb einer mehrzeiligen Literaturangabe besteht ein einfacher Zeilenabstand. Zwischen den einzelnen Literaturangaben ist ein Abstand von jeweils einer Leerzeile zu lassen.

Eine Unterteilung nach verschiedenen Literaturarten, wie z. B. „Bücher", „Kommentare", „Dissertationen", ist aus prüfungstechnischen Gründen nicht erwünscht. Eine solche Unterteilung erschwert den Vergleich der im Fußnotenteil angegebenen Titel mit den im Literaturverzeichnis aufgenommenen Werken.

Ausnahme: Gerichtsentscheidungen, Verwaltungserlasse und Verwaltungsverfügungen können chronologisch am Ende des Literaturverzeichnisses aufgeführt werden.

Beispiel für ein Literaturverzeichnis:

Literaturverzeichnis

Adler-Düring-Schmaltz: Rechnungslegung und Prüfung der Unternehmen. Kommentar. Band 1 und 2. 6. Aufl. Stuttgart 1995.

Ballwieser, Wolfgang: Adolf Moxter und der Shareholder Value-Ansatz. In: Bilanzrecht und Kapitalmarkt – Festschrift für Adolf Moxter. Hrsg. Wolfgang Ballwieser et al. Düsseldorf 1994, S. 1377-1405.

Ballwieser, Wolfgang et al. (Hrsg.): Bilanzrecht und Kapitalmarkt – Festschrift für Adolf Moxter. Düsseldorf 1994.

Bartley, Jon W. and Al Y. S. Chen: Material Changes in Financial Reporting Attributable to the Tax Reform Act of 1986. In: Accounting Horizons. Vol. 6 No. 1, March 1992, p. 62-74.

Braunberger, Gerald: Bisweilen eine Gesellschaft mit beschränktem Wissen. In: Frankfurter Allgemeine Zeitung vom 18.02.1994, S. 21.

Busse von Colbe, Walther und Dieter Ordelheide: Konzernabschlüsse – Rechnungslegung für Konzerne nach betriebswirtschaftlichen Grundsätzen und gesetzlichen Vorschriften. 7. Aufl. Wiesbaden 1999.

Chmielewicz, Klaus und Marcell Schweitzer (Hrsg.): Enzyklopädie der Betriebswirtschaftslehre. Band 3. Handwörterbuch des Rechnungswesens. Stuttgart 1993.

Dellmann, Klaus: Stichwort „Ziele der Unternehmung". In: Enzyklopädie der Betriebswirtschaftslehre. Band 3. Handwörterbuch des Rechnungswesens. Hrsg. Klaus Chmielewicz und Marcell Schweitzer. Stuttgart 1993, Sp. 2245-2252.

Engelen, Klaus C.: Bei Metallgesellschaft hatte Moody's keine gute Nase. In: Handelsblatt vom 17.01.1994, S. 10.

Forster, Karl-Heinz: Zur „Erwartungslücke" bei der Abschlußprüfung. In: Die Wirtschaftsprüfung 1994, S. 789-795.

Haller, Axel: Die „Generally Accepted Accounting Principles". Die Normen der externen Rechnungslegung in den USA. In: Zeitschrift für betriebswirtschaftliche Forschung 1990, S. 751-777.

Haller, Axel: Positive Accounting Theory. Die Erforschung der Beweggründe bilanzpolitischen Verhaltens. In: Die Betriebswirtschaft 1994, S. 597-612.

Institut der Wirtschaftsprüfer in Deutschland e. V.: HFA 3/1988. Stellungnahme des Hauptfachausschusses: Einheitliche Bewertung im Konzernabschluß. In: Die Fachgutachten und Stellungnahmen des IDW. Düsseldorf. Stand Oktober 2000.

Jung, Udo: Stichwörter. In: Lexikon der Betriebswirtschaft. Hrsg. Wolfgang Lück. 5. Aufl. Landsberg am Lech 1993. „Bilanzpolitik" (S. 202-203), „Cash Flows, Statement of" (S. 234).

Küting, Karlheinz und Claus-Peter Weber (Hrsg.): Handbuch der Rechnungslegung. Kommentar zur Bilanzierung und Prüfung. 4. Aufl. Stuttgart 1995.

Lachnit, Laurenz: „True and fair view" und Rechnungslegung über stille Rücklagen im Jahresabschluß von Kapitalgesellschaften. In: Die Wirtschaftsprüfung 1993, S. 193-201.

Lück, Wolfgang: Die externe Rechnungslegung der Aktiengesellschaften in der Bundesrepublik Deutschland und in den Vereinigten Staaten von Nordamerika – Eine vergleichende Untersuchung. Düsseldorf 1970.

Lück, Wolfgang (Hrsg.): Lexikon der Betriebswirtschaft. 6. Aufl. München Wien 2004.

Lück, Wolfgang: Rechnungslegung im Konzern. Stuttgart 1994.

Lück, Wolfgang (Hrsg.): Lexikon der Rechnungslegung und Abschlußprüfung. 4. Aufl. München 1998.

Lück, Wolfgang: Rechnungslegung nach Handels- und Steuerrecht. 13. Aufl. Karlsruhe 2005.

Lück, Wolfgang und Georg van Hall: Audit Committees – Zur Entwicklung von Prüfungsausschüssen in den USA. In: Der Betrieb 1984, S. 1941-1943.

Lück, Wolfgang und Jörg Hunecke: Zur Warnfunktion des Abschlußprüfers. In: Der Betrieb 1996, S. 1-6.

Lück, Wolfgang und Udo Jung: Internationale Konzernrechnungslegung und Inflation. In: Betriebswirtschaftliche Forschung und Praxis 1991, S. 275-293.

Lück, Wolfgang und Katja Knetsch: Zur Haftung des wirtschaftsprüfenden Berufsstandes in den USA. In: Der Betrieb 1992, S. 901-906.

Niehus, Rudolf J.: Zur Entwicklung von „konzernarteigenen" GoB durch Paradigmawechsel – Auch ein Beitrag zur Diskussion über die Internationalisierung der deutschen Konzernrechnungslegung. In: Bilanzrecht und Kapitalmarkt – Festschrift für Adolf Moxter. Hrsg. Wolfgang Ballwieser et al. Düsseldorf 1994, S. 623-652.

o. V.: Das Testat besagt nicht, ob ein Unternehmen krank oder gesund ist. In: Frankfurter Allgemeine Zeitung vom 29.02.1996, S. 19.

Pföhler, Martin et al.: Die Umweltprüfung im Rahmen der Jahresabschlußprüfung. In: Der Betrieb 1996, S. 1484-1487.

Selchert, Friedrich W.: Wirtschaftsprüfung. Mehr als ein teures Übel. In: Betriebswirtschaftslehre heute. Für die Aufgaben der Praxis. Hrsg. Karlheinz Küting und Axel Schnorbus. 2. Aufl. Frankfurt 1993, S. 175-177.

Selchert, Friedrich W.: Zur Generalnorm für offenlegungspflichtige Unternehmen. Eine Analyse von § 264 Abs. 2 Satz 1 HGB. In: Betriebs-Berater 1993, S. 753-760.

Scheffler, Eberhard: Konzernmanagement – Betriebswirtschaftliche und rechtliche Grundlagen der Konzernführungspraxis. München 1992.

Thomas, Karl und Hans-Jürgen Treutler: Kapitalmarkt. In: Obst/Hintner – Geld-, Bank- und Börsenwesen – Ein Handbuch. Hrsg. Norbert Kloten und Johann H. von Stein. 39. Aufl. Stuttgart 1993, S. 1206-1239.

Wöhe, Günter: Bilanzierung und Bilanzpolitik. 8. Aufl. München 1992.

Zeff, Stephen A.: The Rise of „Economic Consequences". In: Journal of Accountancy. Vol. 145 No. 6. December 1978, p. 56-63.

Literaturempfehlungen

Die Anfertigung einer Seminar- und Diplomarbeit wird sicher erleichtert, wenn die entsprechenden Einführungsveranstaltungen des jeweiligen Fachgebietes, in dem die Arbeiten geschrieben werden sollen, besucht werden.

Es steht weiterhin eine umfassende Literatur zur Verfügung, die nützliche Hinweise für die Erfassung und Verarbeitung des wissenschaftlichen Arbeitsmaterials gibt. Die hier gemachten Vorschläge zur Technik des wissenschaftlichen Arbeitens werden von diesen Werken sinnvoll ergänzt.

Dazu eine kleine Auswahl:

Bänsch, Axel: Wissenschaftliches Arbeiten. Seminar- und Diplomarbeiten. 9. Aufl. München und Wien 2007.

Becker, Fred G.: Anleitung zum wissenschaftlichen Arbeiten. 4. Aufl. Bergisch Gladbach und Köln 2004.

Deppe, Joachim: Die Technik des Referierens wissenschaftlicher Hausarbeiten in Übung und Seminar. In: Wirtschaftswissenschaftliches Studium 1985, S. 313-317.

Deppe, Joachim: Die Technik des Gliederns wissenschaftlicher Arbeiten. In: Wirtschaftswissenschaftliches Studium 1992, S. 201-206.

Eco, Umberto: Wie man eine wissenschaftliche Abschlußarbeit schreibt. Doktor-, Diplom- und Magisterarbeit in den Geistes- und Sozialwissenschaften. 12. Aufl. Heidelberg 2007.

Eggler, Andreas: Verfassen wissenschaftlicher Arbeiten am Computer – Eine integrierte Arbeitsmethodik. In: Wirtschaftswissenschaftliches Studium 1992, S. 139-142.

Fragnière, Jean-Pierre: Wie schreibt man eine Diplomarbeit? Planung, Niederschrift, Präsentation von Abschluß-, Diplom- und Doktorarbeiten, von Berichten und Vorträgen. 6. Aufl. Bern usw. 2003.

Franck, Norbert: Die Technik wissenschaftlichen Arbeitens. Eine praktische Anleitung. 14. Aufl. Paderborn usw. 2007.

Gerhards, Gerhard: Seminar-, Diplom- oder Doktorarbeit. Muster und Empfehlungen zur Gestaltung von rechts- und wirtschaftswissenschaftlichen Prüfungsarbeiten. 8. Aufl. Bern usw. 1995.

Hanfland, Ferdi: Technik der Prüfungsarbeit II. Die Diplomarbeit. In: Das Wirtschaftsstudium 1986, S. 11-12 und 61-62.

Junne, Gerd: Kritisches Studium der Sozialwissenschaften. Eine Einführung in Arbeitstechniken. 3. Aufl. Stuttgart, Berlin und Köln 1993.

Krämer, Walter: Wie schreibe ich eine Seminar- oder Examensarbeit? 2. Aufl. Frankfurt/Main und New York 1999.

Peterßen, Wilhelm H.: Wissenschaftliche(s) Arbeiten. Eine Einführung für Schule und Studium. 6. Aufl. München 1999.

Poenicke, Klaus: Duden Taschenbücher, Bd. 21, Wie verfaßt man wissenschaftliche Arbeiten? Ein Leitfaden vom ersten Studiensemester bis zur Promotion. 2. Aufl. Mannheim, Wien und Zürich 1988.

Preisser, Karl-Heinz: Praxis des wissenschaftlichen Arbeitens. Weiden und Regensburg 1993.

Rösner, Hans: Die Seminar- und Diplomarbeit. Eine Arbeitsanleitung. 6. Aufl. München 1991.

Seidenspinner, Gundolf: Wissenschaftliches Arbeiten. Techniken, Methoden, Hilfsmittel, Aufbau, Gliederung, richtiges Zitieren. 9. Aufl. München und Landsberg am Lech 1994.

Sesink, Werner: Einführung in das wissenschaftliche Arbeiten ohne und mit PC. 7. Aufl. München und Wien 2007.

Standop, Ewald: Die Form der wissenschaftlichen Arbeit. 17. Aufl. Wiesbaden 2004.

Theile, Carsten: Zielgerichtete Technik der Gliederung wissenschaftlicher Arbeiten. In: Wirtschaftswissenschaftliches Studium 1993, S. 99-100.

Theisen, Manuel R.: ABC des wissenschaftlichen Arbeitens. Erfolgreich in Schule, Studium und Beruf. München 2006.

Theisen, Manuel R.: Wissenschaftliches Arbeiten. Technik – Methodik – Form. 12. Aufl. München 2004.

ANHANG

Anlage 1: Die fünf wichtigsten Kommaregeln

1. Das Komma steht zwischen Sätzen.

Beispiele:

- Wenn der Assistent prüft, wird er beaufsichtigt.
- Ich kam in das Unternehmen, ich prüfte, ich erteilte den Bestätigungsvermerk.
- „Ich bin unschuldig", sagte der Buchhalter.

Es ist gleichgültig, ob die Sätze, zwischen denen ein Komma steht, Hauptsätze oder Nebensätze sind. Es müssen nur Sätze sein.

Ein vollständiger Satz besteht aus mindestens zwei Satzteilen,
dem Subjekt
(Satzgegenstand; Frage: **Wer oder was** tut etwas?)
und dem Prädikat
(Satzaussage; Frage: Was **tut** jemand?).

„Ich kam" ist ein ganzer Satz:
„Ich" = Subjekt (Satzgegenstand; Frage: Wer kam?),
„kam" = Prädikat (Satzaussage; Frage: Was tat ich?).

Das Komma steht auch zwischen unvollständigen Sätzen: Stichprobe richtig, alles richtig. (Wenn die Stichprobe richtig ist, dann ist alles richtig.)

2. Das Komma trennt den Infinitivsatz ab.

Als Infinitivsätze gelten:
1. Erweiterter Infinitiv.
2. Infinitive mit „um zu", „ohne zu", „als zu", „anstatt zu".
3. Mehrere nicht erweiterte Infinitive mit „zu".

Beispiele:

- Es ist verboten, Aufwendungen für die Beschaffung des Eigenkapitals zu aktivieren.
- Ich komme in das Unternehmen, um zu prüfen.
- Es macht mir Spaß, zu prüfen und zu beraten.

An Stelle von „Infinitivsatz" wird auch von „Infinitv mit zu", „Grundform mit zu" oder „Grundformgruppe" gesprochen.

Was ein erweiterter Infinitiv ist, verdeutlichen folgende Beispiele (die Erweiterungen sind mit Fettdruck hervorgehoben):

Beispiele:

- Es ist notwendig, **noch weiter** zu prüfen.
- Es ist notwendig, **dieses Unternehmen noch weiter** zu prüfen.

3. **Das Komma trennt die Glieder einer Aufzählung, die nicht durch „und" oder „oder" verbunden sind.**

Beispiele:

- Bilanz, GuV und Anhang.
- In der Bilanz sind Anlagevermögen, Umlaufvermögen, Eigenkapital, Schulden und Rechnungsabgrenzungsposten gesondert auszuweisen.

Wenn bei einer Aufzählung weder „und" noch „oder" eingesetzt werden kann, steht auch kein Komma.

Beispiel:

Der Betriebswirtschaftslehre verdanken wir wichtige wissenschaftliche Erkenntnisse. (Es kann nicht gesagt werden: „... wichtige **und** wissenschaftliche Erkenntnisse.")

Anhang

4. Das Komma steht vor „sondern".

Beispiele:

- Ein Wirtschaftsprüfer prüft nicht Gaststätten, sondern Unternehmen.
- Es gibt nicht nur eine Art von Rückstellungen, sondern mehrere.

Der Gegensatz kann auch durch „aber", „jedoch", „vielmehr", „allerdings" ausgedrückt werden, z. B.:

Die Sekretärin kommt jeden Tag ins Büro, aber (jedoch, ...) nur vormittags.

5. Das Komma trennt die nachgestellte genauere Bestimmung ab.

Nachgestellte genauere Bestimmungen werden im allgemeinen eingeleitet durch „und zwar", „und das", „das heißt" (d. h.), „zum Beispiel" (z. B.), „wie", „nämlich", „namentlich", „insbesondere". Diese Einleitungen können fehlen, aber jederzeit ergänzt werden.

Beispiele:

- Ich interessiere mich sehr für das Fach Wirtschaftsprüfung, (und zwar) besonders für Rechnungslegung.
- Die Zahl der Prüfungsaufträge ist groß, insbesondere am Anfang des Jahres.
- Arthur Andersen, (das ist) eine der größten Wirtschaftsprüfungsgesellschaften, wird fusionieren.

Die genauere Bestimmung im letzten Beispiel heißt „Apposition" oder „Beisatz".

Die **Rechtschreibreform**, die am 1. August 1998 in Kraft getreten ist, hatte auch im Bereich der Zeichensetzung einige Änderungen zur Folge. An der Gültigkeit obiger 5 Kommaregeln hat sich aber auch nach der Reform im wesentlichen nichts geändert, wenngleich der Einsatz von Kommata insgesamt – insbesondere bei erweiterten Infinitiv- und Partizipgruppen – freizügiger geworden ist.

Anlage 2: Die wichtigsten Änderungen der Rechtschreibreform

Zum 1. August 1998 wurden in allen deutschsprachigen Ländern neue Rechtschreibregeln eingeführt, wobei allerdings eine sehr langfristige Übergangsregelung eingeräumt wurde: Bis zum voraussichtlichen Ablauf einer Übergangsfrist am 31. Juli 2005 gelten Schreibung und Zeichensetzung nach den alten Regeln zwar als überholt, jedoch nicht als falsch. Ob allerdings ab August 2005 die neuen Regeln und Schreibungen allein verbindlich sind, muß inzwischen bezweifelt werden. Zeitungen, wie z. B. die Frankfurter Allgemeine Zeitung, sind nach einer kurzen Anwendung der neuen Regeln und Schreibungen bereits wieder zu den alten Regeln zurückgekehrt.

Statt 212 Rechtschreibregeln gibt es nur noch 112, von 12.000 Vokabeln haben sich 185 geändert.

Die wichtigsten Änderungen sind:

- Das „-ß" nach kurzen Vokalen wird zu „-ss" (aus „daß" wird „dass").

- Zusammengesetzte Wörter werden meist getrennt geschrieben (aus „radfahren" wird „Rad fahren").

- Drei gleiche Buchstaben hintereinander werden in jedem Fall ausgeschrieben (aus „Schiffahrt" wird „Schifffahrt"). Bindestriche zur besseren Lesbarkeit sind möglich („Null-Lösung").

- Das „p" am Ende von Wörtern, die aus dem Englischen übernommen werden, wird verdoppelt („Stopp", „Tipp" usw.).

- Auch die Regelungen der Silbentrennung wurden zum Teil reformiert (aus „flak-kern" wird „fla-ckern").

Alle Änderungen und bestehenden Regelungen werden ausführlich im Duden Band 1 angegeben.

> Aktuelle Modifikationen der Rechtschreibreform werden von den Autoren als Aktualisierungsdienst im Internet unter www.oldenbourg-wissenschaftsverlag.de kommentiert.

Anlage 3: Deutsche Sprache – schwere Sprache: Gelesen, gehört und aufgespießt

Die folgenden Stilblüten sind aus Seminararbeiten, Diplomarbeiten und Dissertationen entnommen und zeigen, daß die Beherrschung der deutschen Sprache mit einigen Schwierigkeiten verbunden ist.

- Es gibt da zwei Namen, obwohl der Mann hat nie gelebt.
- Das Anpassungsproblem, als Ergebnis externer Faktoren, fordert sowohl rechtzeitiges Erkennen von Veränderungen als auch umgehende Reaktion auf diese.
- Das Koordinationsproblem, als Ergebnis interner Rahmenbedingungen, fordert Abstimmung der Aktivitäten der Subsysteme im Hinblick auf die gesteckten Ziele der Gesamtunternehmung.
- Das Unternehmen als wirtschaftliches Gebilde ist betriebswirtschaftlich realtheoretisch betrachtet ceteris paribus extrem differenziert.
- Going concern ist wichtig, weil hier kommt es auf die Zukunft an.
- Die Inventur ist praktisch die hohe Schule der Bestandsführung.
- Zusätzliche Unterschiede der Verwendung des Begriffs der Theorie der Prüfung sind in der divergierenden Abgrenzung des zu beschreibenden und zu erklärenden Realbereichs der Prüfung begründet.
- Zu der These, daß im Laufe der Vertragsverhandlungen zunächst die Ertragswertrelationen maßgebend, dann aber auf die Eigenkapitalgarantie abgestellt wurde, sei bemerkt, daß Letztere unter Berücksichtigung der Einbringungsbilanz als Resultierende der Ersteren anzusehen ist.
- Die Handelsbilanz bekleidet eine rechtspolitische Funktion, da mit Hilfe der im Rechtssinne aufgestellten Bilanz der Gesetzgeber seine ordnungspolitische Aufgabe erfüllen kann, die darin besteht, die Interessengegensätze von Unternehmen und anderen Interessengruppen auszugleichen.

- So gilt zum Beispiel in den Fällen, in denen das Gesetz auf einem überholten Stand stehengeblieben ist, der Wortlaut aber nicht mehr in der Praxis angewandt werden kann, daß die GoB Vorrang vor dem Gesetzeslaut hat.
- Um aus seiner Idee Kapital schlagen zu können, muß er sich also selbständig machen. Ein neugegründetes Unternehmen ist ungemein agil.
- An Bedeutung gewinnen wird auch das Sponsoring. In Anbetracht der allgemeinen Liquiditätsschwäche der Wirtschaft wird in den Budgets diesem Instrument bisher nur wenig Bedeutung beigemessen.
- Bei der Fließfertigung stehen die Arbeiter nach Anordnung der Arbeitsprozesse hintereinander oder nebeneinander.
- Große Unternehmen, die ihre teuren Produkte kostenlos abgeben, haben es entweder dringend nötig, Werbung zu machen oder das Produkt ist, weil es keiner haben will, nicht gut und muß daher verschenkt werden.
- Das Financial Auditing befaßt sich mit allem, was mit Geld zu tun hat, vor allem dem Rechnungswesen.
- Anlagevermögen sagt den Wert aus in Geldeinheiten, wieviel Anlagen in einem Betrieb wert sind.
- Eine Erweiterung des Absatzgebietes kann auch das Ziel der Internationalisierung verfolgen.
- Fehlt die Organisation, führt dies zu einem totalen Durcheinander.
- Der Unterschied zwischen Ertrag und Leistung ist der, daß Leistung sämtliche Aktivitäten erfaßt, während sich die Erträge auf die Produktion beschränken. Mir fehlen einfach die fachspezifischen Ausdrücke, aber ich meine jedenfalls das Richtige.
- Unter dem ökonomischen Prinzip versteht man die umweltorientierte Führung eines Betriebs. Hierzu ist die Lageorientierung aus Umweltgesichtspunkten zu betrachten, bei einer Standortwahl.
- Das Problem der begrenzten Lebensdauer besteht darin, daß sie nicht unbegrenzt ist.
- Ausgaben sind die Erniedrigung des Geldvermögens.
- Umgekehrte Maßgeblichkeit, das ist, wenn man die Steuerbilanz vor die Handelsbilanz setzt.

Anhang

- Generell versteht man unter kalkulatorischen Wagnissen auftreten könnende Risiken eines Unternehmens.

- Bei der Eigenfinanzierung wird das Kapital im Falle des Konkurses haftbar.

- Leerfahrten ergeben sich desweiteren aus einer mangelnden Information der Fahrer über noch mitzunehmende Ladungen bei Verteiltouren oder über mögliche Rücktransporte von Versorgungsgütern oder Entsorgungsgütern (Unpaarigkeit der Transportströme) und aus den Transportbestimmungen für besondere Ladungen von Spezialfahrzeugen wie z. B. Reinigungsvorschriften von Tanklastwagen für Chemie und Lebensmittel sowie Mineralöle.

- Desweiteren ist es mit den entwickelten Modellen möglich, den Prozeß vorauszusagen und -zuplanen, und zwar in logischer Konsequenz.

- Wer in der Öffentlichkeit oder Teilen davon bestimmte Verhaltensweisen beeinflussen möchte, oder bestimmte Informationen mitteilen will, für den wachsen dessen Chancen, sein Ziel zu erreichen, in dem Maße, in dem die Transparenz des Personenkreises zunimmt, den er beeinflussen will.

- Über eine Standortkalkulation kann – die Volkswirte sagen hier ceteris paribus – eine quantitative Bewertung von Standorten erfolgen.

- Einer Darstellung möglicher absatzpolitischer Maßnahmen muß zuerst eine Aufzeichnung dieser Instrumente zugrunde gelegt werden, die zur Realisierung geeignet sind. Die Einsatzmöglichkeiten müssen vor ihrem kombinierten Einsatz einer isolierten Betrachtung unterzogen werden.

- Genutzt werden können verkehrs-logistische Informationen für eine Sendungsverfolgung oder zur Planung der Güterdistribution von in und bei Stadträumen eingerichteten Logistik-Zentralen zu den Logistik-Zentren.

- Nicht vergessen werden sollte, daß wir uns erinnern müßten.

Die Anfertigung von proportionalen und aussagekräftigen Gliederungen scheint zum Teil ebenfalls eine fast unlösbare Aufgabe zu sein. Beurteilen Sie selbst.

Unter dem Stichwort „Veranstaltungen" wird ein Vortrag mit folgendem Thema und folgender Gliederung angekündigt:

Thema:

„Einheit in der Vielfalt? – Bilanzanalyse im Streit der Systeme –"

Der Vortrag gliedert sich wie folgt:

1. Wie liest man eine Bilanz?
2. Harmonisierung der Grundlagen auf der europäischen Ebene
3. Unterschiedliche Analyseansätze in Deutschland
   3.1 Unterschiede im Bereich der Erfolgsstruktur
   3.2 Unterschiede im Bereich der Bilanzstruktur
   3.3 Unterschiede im Bereich der Cash Flow-Ermittlung
4. Schlußbetrachtung

Das folgende Zitat soll diejenigen, die das Buch gelesen haben und denen die Durchsicht dieser Stilblüten Freude bereitet hat, dazu anhalten, die Vorgaben zur Technik des wissenschaftlichen Arbeitens gewissenhaft anzuwenden.

> Es ist nicht genug zu wissen,
> man muß es auch anwenden,
> es ist nicht genug zu wollen,
> man muß es auch tun.
>
> Johann Wolfgang von Goethe

Umfassend. Aktuell. Fundiert.

Axel Noack
**Business Essentials:
Fachwörterbuch Deutsch-Englisch Englisch-Deutsch**
2007. VII, 811 Seiten, gebunden
€ 59,80
ISBN 978-3-486-58261-1

Das Wörterbuch gibt dem Nutzer das Fachvokabular des modernen, internationalen Geschäftslebens in einer besonders anwenderfreundlichen Weise an die Hand.

Der englisch-deutsche Teil umfasst die 11.000 wichtigsten Wörter und Begriffe des angloamerikanischen Sprachgebrauchs.

Der deutsch-englische Teil enthält entsprechend 14.000 aktuelle Fachbegriffe mit ihren Übersetzungen.

Im dritten Teil werden 3.000 Abkürzungen aus dem internationalen Wirtschaftsgeschehen mit ihren verschiedenen Bedeutungen aufgeführt.

Das Lexikon richtet sich an Studierende der Wirtschaftswissenschaften sowie alle Fach- und Führungskräfte, die Wirtschaftsenglisch für Ihren Beruf benötigen. Für ausländische Studenten bietet es einen Einstieg in das hiesige Wirtschaftsleben.

Prof. Dr. Axel Noack lehrt an der Fachhochschule Stralsund BWL, insbes. International Marketing.

Oldenbourg

Erfolgreiche Verkaufsgespräche

Uwe Jäger
Verkaufsgesprächsführung
Beschaffungsverhalten, Kommunikationsleitlinien, Gesprächssituationen
2007. VII, 249 Seiten, Broschur
€ 29,80, ISBN 978-3-486-58399-1

Welche kommunikativen Verhaltensregeln können Verkäufer nutzen und wie werden diese von professionellen Einkäufern interpretiert? Welche Gesprächsverläufe können sich im Verkaufszyklus ergeben und wie sollten Verkäufer hierbei agieren? Wer auf diese Fragen eine Antwort sucht, sollte dieses Buch lesen. Die kommunikativen Verhaltensmöglichkeiten im Verkauf und ihre Interpretation durch den professionellen Einkäufer sind die zentralen Themen dieses Lehrbuchs. Vor diesem Hintergrund erhält der Leser einen Überblick über die wichtigsten Gesprächsinhalte im Verkaufszyklus. Phasenspezifische Handlungsempfehlungen unterstützen die Vorbereitung einer kundenorientierten und situationsgerechten Gesprächsführung. Das Lehrbuch dient dem Leser als Strukturierungshilfe bei der Suche nach eigenen Qualifizierungspotenzialen und liefert Denkanstöße für die schrittweise Optimierung des Gesprächsverhaltens. Es richtet sich an Personen, die sich im wissenschaftlichen Umfeld mit dem Thema Verkaufsgesprächsführung befassen, an Verkaufstrainer und an Verkäufer im Business-to-Business-Sektor.

Fazit: Das Buch bietet Strukturierungshilfe bei der Suche nach eigenen Qualifizierungspotenzialen und liefert Denkanstöße für die schrittweise Optimierung des Gesprächsverhaltens.

Prof. Dr. Uwe Jäger ist seit 1997 Professor für Marketing, Vertrieb und Management an der Hochschule der Medien Stuttgart.

Oldenbourg

Mit 44 Fallstudien

Jürgen Stiefl
Finanzmanagement
unter besonderer Berücksichtigung von kleinen und mittelständischen Unternehmen
2., vollständig überarbeitete und wesentlich erweiterte Auflage 2008 | 473 S. | gebunden
€ 39,80 | ISBN 978-3-486-58782-1

Dieses Buch möchte dem Leser das theoretische Grundwissen aus dem Bereich des Finanzmanagements vermitteln sowie beim praktischen Umsatz helfen. Dabei erfahren die Besonderheiten der kleineren und mittlern Unternehmen besondere Berücksichtigung.

Die zweite Auflage wurde vollständig überarbeitet und wesentlich erweitert. So geht der KMU-spezifische Teil im Vergleich zur Vorauflage noch stärker auf die speziellen Gegebenheiten kleiner und mittlerer Betriebe ein. Hier unterscheidet der Autor zwischen Finanzierungsformen mit Eigen- und Fremdkapitalcharakter einerseits und Mezzanine Finanzierungsformen andererseits.

Kapitel 4 beinhaltet 44 ausgewählte Fallstudien zu den einzelnen Kapiteln, in Kapitel 5 werden die Ergebnisse und Rechenwege zu den Fallstudien beschrieben.

Das Buch richtet sich an Studierende der Hochschulen, ist aber auch aufgrund der Übungen für Praktiker geeignet.

Prof. Dr. Jürgen Stiefl lehrt Volks- und Betriebswirtschaftslehre, insbesondere Finanzierung an der Fachhochschule Aalen.

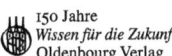

150 Jahre
Wissen für die Zukunft
Oldenbourg Verlag

Bestellen Sie in Ihrer Fachbuchhandlung oder direkt bei uns: Tel: 089/45051-248, Fax: 089/45051-333
verkauf@oldenbourg.de

Marketing – anschaulich und kompakt

Peter Runia, Frank Wahl, Olaf Geyer, Christian Thewißen
Marketing
Eine prozess- und praxisorientierte Einführung
2., überarbeitete und erweiterte Auflage 2007.
XX, 314 Seiten, gebunden
€ 29,80, ISBN 978-3-486-58441-7

Dieses bei Studierenden beliebte Lehrbuch führt praxisorientiert in das Marketing ein. Im Fokus steht dabei das (klassische) Konsumgütermarketing.

In Teil I (Grundlagen des Marketings) werden Basisbegriffe und Entwicklungen der Marketingtheorie und -praxis aufgezeigt. Teil II (Marketinganalyse) stellt die Notwendigkeit einer ausführlichen Analyse von Unternehmen, Markt und Umwelt als Basis für Marketingkonzepte dar. In Teil III (Strategisches Marketing) wird die Ziel- und Strategieebene des Marketing erläutert, welche einen grundlegenden Handlungsrahmen für das operative Marketing schafft. Teil IV (Operatives Marketing) thematisiert ausführlich den klassischen Marketing-Mix, d. h. das Zusammenspiel konkreter Maßnahmen der Produkt-, Kontrahierungs-, Distributions- und Kommunikationspolitik. Abschließend werden in Teil V (Marketingplanung und -kontrolle) die diversen Ebenen in Form von Marketingkonzepten oder Marketingplänen zusammengeführt und auch auf die Bedeutung der Marketingkontrolle hingewiesen.

Im Gegensatz zu so genannten Klassikerlehrbüchern mit zu hohem Umfang ist dieses Marketingbuch leicht anwendbar, klar strukturiert und stellt den relevanten Lerninhalt kompakt dar.

Oldenbourg

Rechnungswesen komplett

Reinhard Heyd, Günter Meffle
Das Rechnungswesen der Unternehmung als Entscheidungsinstrument

Band 1: Sachdarstellung und Fallbeispiele
6. Auflage 2008 | ca. 700 S. | Broschur
ca. € 34,80 | ISBN 978-3-486-58550-6

Band 2: Übungsaufgaben, Lösungsvorschläge und Erläuterungen
5. Auflage 2008 | ca. 693 S. | Broschur
ca. € 34,80 | ISBN 978-3-486-58551-3

Band 1 beinhaltet die Finanzbuchführung und die Grundlagen des Rechnungswesens. Band 2 umfasst die Kosten- und Leistungsrechnung, die Finanzwirtschaft, die Bewertung und den Jahresabschluss, die Auswertung des Jahresabschlusses sowie die Grundzüge der Bilanztheorien. Zusammenfassungen vermitteln das notwendige Überblickswissen, ein breites Spektrum vertiefender Aufgaben fördert die anzustrebende Handlungs- und Entscheidungskompetenz des Lesers.

Die beiden Bände richten sich an Studierende der Betriebswirtschaftslehre im Grundstudium sowie für Fachschulen, Wirtschaftsgymnasien und Teilnehmer beruflicher Lehrgänge.

Prof. Dr. Reinhard Heyd hat eine Professur für Betriebswirtschaftslehre, insbesondere Rechnungswesen und Controlling, an der Hochschule für Wirtschaft und Umwelt Nürtingen-Geislingen inne.
Prof. Dr. Günter Meffle war nach seinem Wirtschaftsstudium viele Jahre als Professor im Bereich Berufliche Schulen sowie als Dozent für Bilanzbuchhaltung tätig.

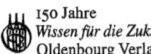
150 Jahre
Wissen für die Zukunft
Oldenbourg Verlag

Bestellen Sie in Ihrer Fachbuchhandlung oder direkt bei uns: Tel: 089/45051-248, Fax: 089/45051-333
verkauf@oldenbourg.de

Für Studierende und Praktiker

Carl-Christian Freidank
Kostenrechnung
Einführung in die begrifflichen, theoretischen, verrechnungstechnischen sowie planungs- und kontrollorientierten Grundlagen des innerbetrieblichen Rechnungswesens sowie ein Überblick über Konzepte des Kostenmanagements
8., überarb. und erw. Aufl. 2008. XXVI, 452 S., gb.
€ 34,80
ISBN 978-3-486-58176-8

Die behandelten Themenbereiche und Prüfungsaufgaben decken den elementaren Lehrstoff ab, der an Universitäten, Fachhochschulen, Berufsakademien sowie Verwaltungs- und Wirtschaftsakademien im Diplom-, Bachelor- und Masterstudiengang vermittelt wird. Darüber hinaus, spricht das exzellent didaktisch gestaltete Buch, auch Praktiker des Rechnungswesens an (z.B. Controller, interne Revisoren, Wirtschaftsprüfer und Steuerberater, Mitarbeiter in der Kostenrechnung, Unternehmensberater), die ihre Kenntnisse auf diesen Gebieten auffrischen, vertiefen und testen wollen. Schließlich ist das Lehrbuch in besonderem Maße für die Vorbereitung auf die Examina des wirtschaftsprüfenden bzw. steuerberatenden Berufes geeignet.

Das Grundlagenwerk für jedes betriebswirtschaftlich orientierte Studium, das Handbuch für den Praktiker!

Außerdem erhältlich:
Carl-Christian Freidank, Sven Fischbach
Übungen zur Kostenrechnung
6., überarb. und ergänzte Aufl. 2007. Br.
€ 27,80, ISBN 978-3-486-58120-1

StB Prof. Dr. habil. Carl-Christian Freidank lehrt Betriebswirtschaftslehre, insbesondere Revisions- und Treuhandwesen, am Institut für Wirtschaftsprüfung und Steuerwesen der Universität Hamburg.

Oldenbourg

www.ingramcontent.com/pod-product-compliance
Lightning Source LLC
Chambersburg PA
CBHW071006160426
43193CB00012B/1944